樂居台南

妳的過去我來不及參與，但未來我可想奉陪到底

魚夫 著

魚夫手繪鐵馬私地圖

目錄

輯 II 再現

體驗台南輕幸福

魚夫

其實幸福不是去追求的，幸福就在我們身旁，只是有沒有被發現罷了。

我喜歡繪畫，小時候也被培養朝繪畫的方向發展，只不過陰錯陽差，終究是朝一般的學科發展。然而，際遇巧合，我人生的第一個職業是畫漫畫，還得了個新聞漫畫獎，從此被知道我的人稱為「漫畫家」，只不過我歷經各式各樣的媒體，也曾擔任當過電視台總監等，所以又有許多人是從螢光幕上認識我這個人：是個「明星」。當我出版手繪台南美食書《移民台南》時，許多朋友居然說：「原來你會畫畫哦！」

女兒曾經詢問，在我的履歷裡洋洋灑灑：漫畫家、報社主筆、電視台總監、執董，大學教授以及一堆諸如執行長、董事長等頭銜，最喜歡的是哪一個？答案是「漫畫家」，因為只有藝術才是永恆的，其他都是暫時的。

可是在我年過半百後，放棄了電視台優渥的高薪，最終卻連漫畫也沒有任何一家紙本的媒體願意付費採用，然而我再三思索，發現能畫畫就是我的幸福，雖然沒有任何稿酬收入，我仍決定在網路上繼續創作、和人分享。

早期我也有漫畫之外的雕塑作品，也曾經開過一個小展，還在經營的餐廳裡掛滿作品，可是終究掩蓋在明星的光環下，結論是我用力地追求幸福，幸福來的時候，似乎不是我預先想像的那個樣子。

　　為了樂活而移民台南後，除了漫畫之外，我又開始畫起所見所聞，這才發現原來每當創作完成時，我都有一種幸福的感覺，只是沒有稿費收入，但自然也無交稿壓力，更不必擔負「收視率」的好壞。當然，也沒想過賣畫，畫廊經紀絕不會找上我。這是一種「輕量幸福」，款款行、慢慢活，想怎麼畫，就怎麼畫，幸福不用去追求，這不就在我的手中？幸福也不必然是成就豐功偉業，小小的感動就能心滿意足了。

　　繪畫較其他藝術形式更能直接表達出真情，一筆一畫都是作者心血的結晶，我把畫作結集出版，再加上些許生活上的詮釋，那是因為我想和您分享我樂居台南的「輕量幸福」。

注意安全啦！

PEKO
2014

推薦序

在歷史古都享受生命的悠然

賴清德

　　眾人眼中敢言、傑出的政治漫畫家魚夫，也是台灣美食報導的先驅，在經歷台北都會的繁華媒體生活後，近年與妻子「移民台南」。

　　猶記得多年前相識，在即時轉播尚不常見的時代，魚夫就帶著簡單的設備來立法院辦公室遊說與指導，如何用手機、視訊軟體將影像記錄，並即時透過網路傳播，促使過去密閉的會議過程得以攤在陽光下。

　　近年魚夫帶著他敏銳的筆與相機，以在地的觀察方式，騎著鐵馬造訪台南大街小弄，繼去年出版《移民台南 魚夫手繪幸福小食日誌》，介紹台南的美食，與分享台南人的生活態度後，持續展現對台南奉陪到底的熱情，再度完成《樂居台南 魚夫手繪鐵馬私地圖》，透過書繪與影像，深入淺出地介紹古蹟與美食與這座城市的文化厚度。

　　從近代歷史發展的角度來看台灣，台南是最早開發、接受文明洗禮的城市，從荷據、鄭氏、清初、日治時期，台灣的文化於此地激盪混合、孕育成熟，這裡是台灣的文化首都：歷史、精神和文化的心臟。

　　細看台南這座城市，歷史文化就在日常生活中。這裡是台灣米糖產量最多的地區，也是國際商品交流的門戶，物產

豐富，蘊含文化氣息，尤其是常民吃食，更是深具傳統與特色。

　　媒體曾報導名導演李安回到台南，一大早就到巷子口吃陽春麵，如魚夫在書裡特別指出的，對台南人來說，心目中的美食的確有一套自己的詮釋：也許源自兒時以來難以忘懷的好滋味，也許與巷弄裡的古蹟美景相得益彰，也許是服膺傳統文化中不會消失的堅持……飲食文化是我們生活所依，是物質、亦是精神。小吃內容的豐富性、多樣性，讓味蕾有了不同的享受，在色、香、味豐富了五感的同時，往往也讓人愛上了這屬於台南在地的濃濃感情，並見證了手藝與飲食美學的代代傳承。

　　在這座以美食聞名的文化首都，魚夫生根成為台南人，在親自出「馬」（鐵馬）訪查各地的風土民情後，本書藉由特殊的手繪及敘事風格，帶領讀者穿越台南的古蹟建築、博物館，導覽台南數百年的歷史風情，也呈現他與台南美食相擁的樂居歲月。

　　邀請您，帶著這本書，一同來台南，享受生命的悠然。

（本文作者為台南市長）

文化古都台南
我們「奉陪到底」！

葉澤山

訴說一座城市的歷史並不困難，
台南的萬千故事要略知一二也還算簡單，
但引人入勝的在地人文書寫，
不僅風格要幽默好玩，還得不能老生常談！

從移民到樂居，從庶民小食到文化宴席，
魚夫的私地圖實則不藏私，
鐵馬所及，全都是成為「老台南」的練習曲。

一幢建築、一個名字，都藏著一段故事。
一碗小吃、一段記憶，就燃起一股熱情。

漫畫雖2D，府城卻立體－
現在就跟著魚夫的鐵馬足跡，
文化古都台南，
我們「奉陪到底」！

（本文作者為台南市政府文化局局長）

溫暖悠閒的台南味

陳宗彥

　　我雖土生土長於台南，但因家父工作與求學緣故，在外生活好一段時間，因此有機會仔細觀察不同城市的生活步調與內涵。

　　在台南生活之所以迷人的原因是，當你清晨出門吃份早餐時，繁多品項與豐富新鮮的內容，讓你頓時元氣百倍，準備好應付各種挑戰。

　　工作疲累、心煩意亂時，散步在孔廟或台南州廳周圍的樹蔭下，佐一杯冰涼的清茶，思緒立即平緩澄清，讓歷史的榮光撫平俗事的紛擾。

　　台南是大城市，自有城市的生活壓力與競爭挑戰，但台南的平緩步調與清麗氛圍，就像是媽媽的關照與撫慰，在你的背後默默支持你的努力，讓你在現代競爭的壓力中，仍然有一個溫柔的家鄉作你的後盾。

　　這是其他地方所沒有的空間感受、城市風土與人本真情，這應該就是魚夫先生《樂居台南》新作的背後，最想傳達出來的「台南味」吧！

（本文作者為台南市政府民政局局長）

推薦序
台南雙城鐵馬輕旅行

陳俊安

　　十七世紀的大航海時代，荷蘭東印度公司遠渡重洋，來到福爾摩沙台灣建立了「普羅民遮城」（今赤嵌樓）及「熱蘭遮城」（今安平古堡），做為帝國行政及軍事統治的基地。近四百年來，內城由普羅民遮城及十字大街發展到清領時期建立「台灣府城」，形構今日台南老城區的基本格局。而外港則由熱蘭遮城及熱蘭遮市鎮做為基礎，扮演著台灣及「台灣府城」對外的窗口。從古台江內海時期、舊運河及五條港時期，一直到日治時期開闢新運河至今，「台南雙城」以及串連起雙城的運河廊帶，即是台灣近代史的起點，是台灣古蹟及美食小吃最密集的歷史區域。

　　鐵馬騎士魚夫此次新書《樂居台南》以台南老城區空間為經，以台南美食為緯，交錯串連出台南雙城區域屬於魚夫的生活空間地圖。魚夫用最親切平實並貼近生活的方式，探索台灣文化心臟地區，讓台南雙城重新藉由魚夫之筆，將生活、美食、建築等元素得以和在地文化緊密結合。您也可以像魚夫一樣自在地在台南生活。

（本文作者為台南市政府觀光旅遊局局長）

魚夫筆下的台南
深厚底蘊

趙卿惠

　　台南成為時下台灣最潮的城市，是因為它如一塊沈積岩，如此清楚地把台灣每個時代的皺理刻畫在生活中。

　　魚夫是電視的政論節目的開山鼻祖，說話帶著台灣國語的「土性」，每每都是話中帶刺嘲諷著時事的媒體人，而他也是台灣政治漫畫最重要的筆耕者，從書桌到街頭，無論魚夫從事任何一項工作，衝撞體制是他的寫照，沒有人會相信，他竟然選擇在台南展開第二人生。

　　而台南也因為魚夫更添「人潮」，他第一本《移民台南》，不只登上書局排行榜第一名，更是遊覽台南必備的「導遊書」，如今再「畫」第二本《樂居台南》，融合台南的歷史故事加上他敏銳的社會觀察力，相信更具可看性。

　　從閱讀中重新認識台南，也重新體驗魚夫推薦的私房景點與美食，終於能享受著「即使發呆也能品鑑著屬於這座城市最深厚的底蘊」，這就是台南─甜而不膩的氛圍。

　　　　（本文作者為台南市政府新聞及國際關係處處長）

推薦序

樂居台南，
譜寫在地節奏

陳聰徒

　　書寫台南，攝影、繪畫、設計、寫作、授課、評論、節目主持、電視總監……均有涉獵的撰筆人，非魚夫莫屬。他以自身經驗等多重角度觀察台南、感受台南、刻畫台南的建築、飲食、民生、人情、歷史……大從古蹟的來龍去脈，老房的鄉野奇談，小至街衢巷弄裡的天然「子仔」，鄉里老廠手做魚丸的過程，也許或你或我的在地人，都不似魚夫如此熟門熟路地深入台南。

　　從城中、城南、城東、城北，再出城去，魚夫吃得一口口台南人的刁嘴，品得一處處新舊融會的府城趣味，書中不僅揮灑意境生動的插畫筆觸，更附上這些年來輕車熟路所建構的美食私地圖，更運用目前新的閱讀平台：二維條碼，讓大家能立即使用手機上網觀賞文中提及的內容影片，在閱讀行雲流水的描述之中，是令人想反覆咀嚼、爬梳的五感著作。

　　對台南飲食的追根究柢，如他道：「初來台南，我乃『山豬沒吃過餿水』，不知道肉燥的學問原來這麼大，細節這麼繁複，但正牌的老店都很堅持。」道地料理的豐富如他言：「朋友來找我，經常詢問要多久時間才能嚐遍台南大大小小的美食？……但您不過在老市區裡拚戰罷了，猶屬井底之

蛙……。」然而，他亦能提供一日小旅行的精確路徑：「最好的路線是趁白晝氣候暖和，先走一七四線接一七五線，從南向北，迤邐徐行，先到東山去喝杯庭園咖啡……在暮色降臨前抵達關子嶺……。」由此也看到魚夫在此認真生活的認同感。

我的本業是建築，魚夫行文中述及有關豪宅的定義更令我印象深刻，因為在台南蹬著藍白拖、騎乘鐵馬買豪宅的大有人在，他認為：「……台南的好宅是要用心經營的，所以豪宅的定義是什麼？是物質或心靈？」在台南除了吃食、遊賞歷史人文之外，在地人的生活觀與價值觀同時也強烈地拉扯魚夫，得見他內心幽微的一面。

台南人將忙碌視為一種生活樂趣，忙於工作卻也樂在其中，也因此形成予人慢活的印象，且對待許多人、事、物端視於用再多錢也打動不了的奇檬子（心情），所以不論是要旅行或欲安居樂業於此的你，只要以自在愉悅的姿態，隨身帶上魚夫圖文並茂的《樂居台南》逐一遊歷，讓它奉陪到底，相信就能如台南女婿魚夫般，盡情享受台南的真、善、美，並疼惜台南、熱愛台南。

（本文作者為富立建設總監）

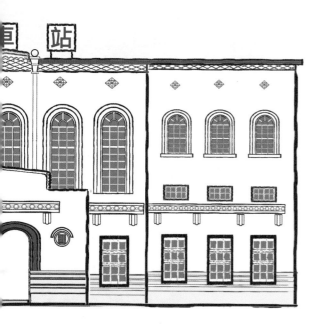

假如咱們不曾在
台南車站附近遇見，
那肯定是
您睡過頭了。

　　台南沒有「火車站」，只有「車站」，始建於一九三六年，為折衷主義建築風格，採左右對稱，嚴謹而典雅。有則網路笑話，男女相約見面，女方其實極為勉強，於是約定在「台南火車站」的「火」字下等候，男方並不知情，到了「車頭」才知被騙了。

　　國府來台後，沒讀冊兼沒衛生的官員，以白色油漆塗滿表面，原本的色彩盡失，正前方頂頭的圓形時鐘換了大而無當的電子鐘，實在焚琴煮鶴。「台南車站」一帶成功大學、台南公園等據有廣闊的面積，建築和參天古木都很有看頭，最適合一大清早徐行信步，乃至於繪畫寫生，我把私地圖畫了出來，假如您不曾在這裡遇見我，那肯定是您又睡過頭了。

奉陪

城中── 台南古城我奉陪到底

生命就是要浪費在美好的事物上
──遇見測候所前的紫花風鈴木

　　遇見台南測候所前的三株盛開的紫花風鈴木，就知道春天來了，時序在二、三月間，幾已成台南春天的地標。風鈴木在日治時期引進台灣，部分變成美麗的行道樹，有如綻放的紫紅色櫻花在迎向春天。這時節，我經常踩著鐵馬一大早在對面的米奶店，享受我的早餐和花景，偶而也會到隔鄰的茶行，點杯茶飲，相看兩不厭，浪費生命般的呆坐一下午。

　　測候所位於「民生綠園」一帶，這裡是日治時期政經中心，是日本權貴和台灣政商名人出入的所在，今天幾已成台灣的活建築博物館，當年許多傑出的日本年輕建築師在本國無法發揮，便來殖民地台灣施展抱負，反而留下了許多經典作品。

　　朋友來訪，就在附近巡禮一番，我老是講得天花亂墜，比照各個時期不同的統治者治台的政蹟，當然也少不了饗以美食，精神物質皆獲得飽足，才算略盡地主之誼了，然而也不是常有訪客來找，我也經常踩著腳踏車穿梭在這一帶，總是會發現許多驚奇，所以這張地圖實應呼之為我的「鐵馬私地圖」。

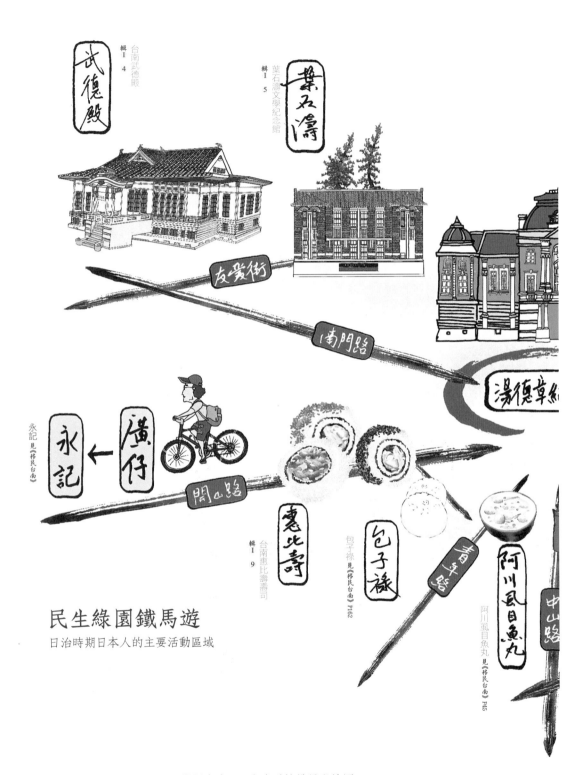

武德殿
台南武德殿
輯 I 4

葉石濤
葉石濤文學紀念館
輯 I 5

友愛街

南門路

湯德章

永記
見《移民台南》

橫仔

永記

閩山路

惠比壽
台南惠比壽壽司
輯 I 9

包子祿
見《移民台南》P162

包子祿

青年路

阿川虱目魚丸
阿川虱目魚丸
見《移民台南》P45

中山路

民生綠園鐵馬遊
日治時期日本人的主要活動區域

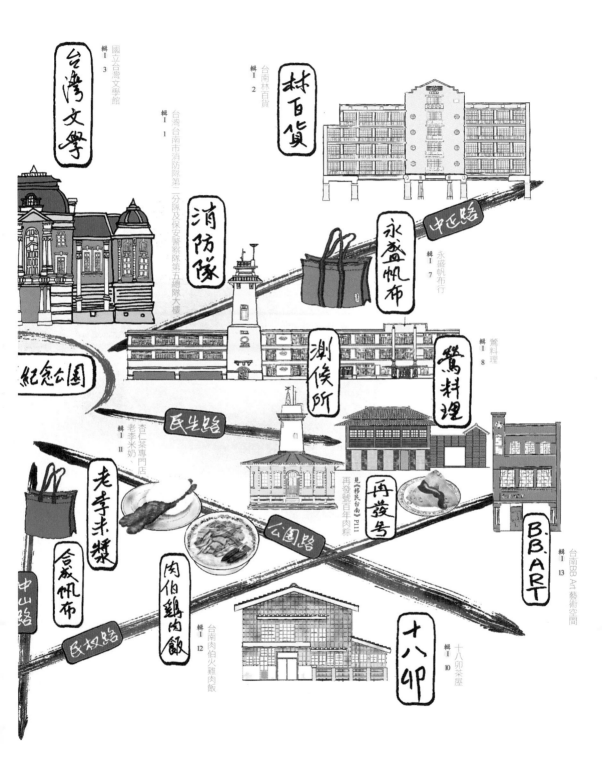

台灣文學
國立台灣文學館
輯Ⅰ 3

林百貨
台南林百貨
輯Ⅰ 2

台灣台南市消防隊第二分隊及保安警察隊第五總隊大樓
輯Ⅰ 1

消防隊

永盛帆布
永盛帆布行
輯Ⅰ 7

中正路

測候所

鷲料理
鷲料理
輯Ⅰ 8

紀念公園

民生路

杏仁茶專門店
老李米奶
輯Ⅰ 11

老李米漿

合成帆布

中山路

肉伯雞肉飯

民權路

台南肉伯火雞肉飯
輯Ⅰ 12

公園路

再發号
見《移民台南》P111
再發號百年肉粽

十八卯
十八卯茶屋
輯Ⅰ 10

B.B.ART
台南BB Art藝術空間
輯Ⅰ 13

好友來訪City Tour私房路線第一站

日治時期台南現代機能主義的建築趣味

有朋自遠方來，不亦樂乎！
不過也要看交情，交情有夠深厚者我就會親自導覽一條
有如美國波士頓「自由步道」（Freedom Trail），
走過美國通往自由獨立的歷史之路，
因為台南文化厚度深，外來統治者都留下了建築遺跡，
也正好見證台灣四百年史……。

有朋自遠方來，不亦樂乎！不過也要看交情，交情有夠深厚者我就會親自導覽一條有如美國波士頓「自由步道」（Freedom Trail），走過美國通往自由獨立的歷史之路，因為台南文化厚度深，外來統治者都留下了建築遺跡，也正好見證台灣四百年史。

這條私房路線通常約在「國立台灣文學館」伊始，站在館前抬頭讚歎日治時期巴洛克典雅之美，然後望向台南市消防隊，卻是台灣建築現代主義的經典之作，形成強烈對比；再從文學館側翼步出，介紹日治時期的原「台南警察署」，這是一棟折衷主義的建築，且轉個頭，就是「新藝術」風格

的「嘉南農田水利會」，對街又是鄭氏王朝時期起造的漢文
化閩南式「孔子廟」；沿台灣文學館後方的友愛街徐行，又
遇見了全台最大的日本傳統社殿建築「武德殿」；若時間充
份，則信步進入「葉石濤文學紀念館」緬懷這位本土文學之
父；於是再繞進孔子廟參觀片刻，循府中街前的「全台首學」
大門穿出，不免停下腳步拍照留念，旋即起腳走到對面，沿
街逛過「窄門咖啡」、「草祭二手書店」、「克林麵包」，再

渡紅綠燈至府前路上遇見和洋式建築「愛國婦人館」，於隔壁的「莉莉冰果室」吃盤水果。稍作歇息，又從忠義路「步輪」去參觀和中正路交叉口的裝飾藝術獨領風騷的「林百貨」和歐式優雅的「土地銀行台灣分行」，這時候朋友正徜徉在建築博物館的殿堂裡和台灣歷史的講述中，冷不防，抬頭一看，很沒禮貌的驚呼：「哇，對面那棟用方塊磚貼牆面，整棟長得像廁所的……是誰的？蓋得這麼沒水準！」

這些建築的風格是我一步一腳印看出來的心得，最後一站停在土地銀行，且先從出發點台南市消防隊說起：

這棟駐有臺南市消防大隊第二分隊（左翼）、保五總隊第一大隊（右翼）第二分隊、第二警分局民生派出所（端部）等單位，日治時期原名：「台南合同廳舍」，也屬警察單位，其中央高塔，當時稱為「御大典紀念塔」，起造原因除了瞭望功能考量外，是昭和五年（一九三〇年）為了慶祝昭和天皇登基而建，國府來台後肆意糟蹋，表面老舊，捨清潔功夫隨便用白漆粉飾污漬，連帶破壞原本的色澤，所幸一九九八年被台南市府指定為古蹟，有朝一日定能恢復昔日風華。

相對於隔街的台灣文學館，這棟建築代表日本統治台灣時，建築引進西方現代主義的伊始，繁複的裝飾減少許多。

在建築界裡，不認識柯比意（柯布西耶，Le Corbusier)，就像佛門子弟不識如來佛般的要打屁股。柯比意是啟動建築現代主義的大師，一九二六年柯比意就自己的住宅設計提出著名的「新建築五點」，分別是：

底層架空。

屋頂花園。

自由平面。

台灣台南市消防隊第二分隊及保安警察隊第五總隊大樓

橫向的長窗。

自由立面。

台南合同廳大抵符合五項要點，但保留若干裝飾使顯現官廳尊嚴，落成時可謂是當時台南市區中最高的建築之一，一九三七年又進行增建成為今貌。在日本本土，由柯比意根據他的新建築五點所設計的東京國立西洋美術館主館要到一九五九年才成型，現代機能主義卻在一九三〇年代，就導入台南的公共建築的精神上了。

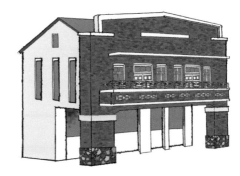

整棟建築造型頗似輪船外，那在我看來像極了柯比意推崇輪船船艙，藉此比喻為「住宅就是機器」的具體展現，所以整體看來有著現代主義的機能形式與簡約風格，立面呈非對稱性，橫向長窗搭以如船艙的圓形窗戶，中央瞭望塔使得整棟

忠義路上的老房子

建築看來像艘停泊於陸地上的船隻，真是饒富趣味。

台灣在日治時期，許多建築師在日本「內地」無法發揮充份的創意，殖民地的台灣反而成為他們一展長才的地方，在台南，除了美食之外，許多大型量體的建築形式，讓台南古都更凸顯出不同其他城市的特色。

當初是由台南州土木課營繕係所設計，隔年就完工。日治時期的公部門建築章法嚴謹，設計也費盡心思，跟得上世界思想潮流。國府來台後，不是強佔就是亂拆，存活下來的也就變成台南最重要的文化資產和發展觀光的基礎，至於當年國府為何要那般對待古蹟？嘸讀冊兼嘸衛生的外來政權，唉，一言難盡啦！

用手機拍了影片來分享：

台南市中區中正路2-1號

妳的過去我來不及參與，
但未來我可想奉陪到底

台南林百貨

搬到台南後，
騎鐵馬時常路過本來破舊的
一棟規模宏偉的「五層樓仔」，
後來聽老一輩的人說，
那是日治時期台灣最大的百貨之一，
叫「林百貨」，
是他們兒時「坐流籠」的地方……。

在我孩提時代，到高雄一定要去鹽埕區的「大新百貨」，即使東西買不起，也要搭搭電動「手扶梯」，我們稱「坐電梯」過過癮。這家百貨公司在一九五三年籌設，於一九五四年動工，兩年後開幕，是當時高雄地區最轟動的建築，可惜時移境遷，於二〇一〇年的六月三十日宣佈歇業，完全封存在我這一輩人的心底深處了。

搬到台南後，騎鐵馬時常路過本來破舊的一棟規模宏偉的「五層樓仔」，後來聽老一輩的人說，那是日治時期台灣

最大的百貨之一，叫「林百貨」，是他們兒時「坐流籠」的地方。

「流籠」者，昇降梯也，「林百貨」建於昭和七年（一九三二年），也就是說台南早於高雄二十餘年，百貨公司所在的「末廣町」就是全台最繁華的鬧區之一了，和當時座落於台北「榮町」的「菊元百貨」（今臺北市中正區衡陽路與博愛路口，現為國泰世華銀行台北分行）南北呼應，是為台灣現代化的櫥窗，只是「菊元」早已拆除，「林百貨」就成為唯一碩果僅存的歷史見證。

這棟林百貨的建築是由當時的總督府地方技師梅澤捨

林百貨的「流籠」，
是很時毫的新藝術風
格

次郎所設計，南門路上原「台南警察署廳舍」（現為「台南市立美術館」預定地）的折衷主義（Eclecticism）樣式建築也是出自此人之手，表面由洗石子和黃色溝面磚所組成，在修復時，其中溝面磚技術尤為繁複，我常聽導覽者敘說其中的艱辛。

從許多舊照片來看，「末廣町」的商家當時成立了「店鋪住宅速成會」，這是一條經由總體設計的連續商店住宅街，建成後整齊畫一，不必亂架店招就可以日趨繁榮，鬧

昔日林百貨前的三輪車

熱滾滾，而有「銀座」之稱，可歎現只倖存「林百貨」，其餘變成招牌凌亂的街景則是國府來台後疏於管理的結果。

昔日林百貨前的腳踏車

歷經數年的整修，「林百貨」將以「文創百貨」的姿態和世人相見，二〇一四年重新開幕。台南濟歲暱稱的「五層樓仔」，她的過去我來不及參與，但未來我可想奉陪到底！偶有朋友來訪，年齡相仿者，把昇降梯說成「流籠」馬上能解其意，昔日榮景也可一起想像；年輕一點的，我只好說：就像你們現在去台北一〇一大樓搭高速電梯那樣的新鮮有趣，明白嗎？

用手機拍了影片來分享：

臺南市中西區忠義路二段63號
開放時間：2013年7~8月
每週三至週日 10:00-17:00，
9月委外經營(高青開發)後時段將另行公告。

我的朋友都今人變古人了！
國立台灣文學館

李昂、吳錦發等文學界的朋友來台南找我，

我就會笑嘻嘻的帶他們到「國立台灣文學館」，

走進去後，指著館內所收藏，他們那些不朽的文學作品都躺在玻璃櫃裡，

乃羨慕的說：「喏，你們都今人變古人蓋棺論定了⋯⋯。」

　　李昂、吳錦發等文學界的朋友來台南找我，我就會笑嘻嘻的帶他們到「國立台灣文學館」，走進去後，指著館內所蒐藏，他們那些不朽的文學作品都躺在玻璃櫃裡，乃羨慕的說：「喏，你們都今人變古人蓋棺論定了。」

　　只有文學等藝術才是永遠的，其他人生的成就都是短暫的，在這裡我又有更深一層的體會。

　　一九一六年落成的台南州廳建築現在是「國立台灣文學館」的所在，本來是市政府，後來市府另覓他處，蓋了一棟實在不怎麼樣的建築，讓出來搬了過去。有朋友來台南找我做城市旅遊（City Tour），我一定會帶著他們繞繞「國立台灣文學館」，這有幾個原因：

　　其一、這棟建築和台北總統府、台北賓館、監察院、公賣局、原台中市政府等建築均自同一人的手裡，即是建築天才森山松之助的作品。日治時期，日本有許多非常傑出的建築大師，在本土東京，公侯伯子男太多，多所掣肘，而不容易伸腳出手，於是到殖民地來發展，反而造就了許多經典建築；森山松之助是亞洲建築家先驅辰野金吾的高徒，辰野

金吾的建築特色後來發展出白色石帶搭配紅磚的「式樣建築」，對當時的殖民地台灣影響頗鉅。他的學生松之助在他的指導下來台灣發揮所學，更是具體打造出日治時期台灣的建築風格。

　　日本在明治維新之後，開始引進西方建築理論與技術，其中英國人康得（Josiah Conder,1852-1920）一八七七年受邀赴日，在東京設計了「上野東京帝國博物館」（Ueno Imperial Museum,1882）以及今天的「三菱一號美術館」（1894），並且在東京帝國大學培育了第一代的日本西化建築師如辰野金吾（Kingo Tatsuno, 1854-1919）、片山東熊 (Tokuma Katayama 1854 － 1917)、曾邇達藏(Tatsuno Sone，1853 － 1937)等，其中的辰野金吾後來留學英國，並且工作了一陣子。如今美崙美奐的日本帝國門面東京驛，最初就是由他所設計的，他也繼康得之後，成為東京大學建築系前身「工部大學校造家學科」的教

授，他和他的門徒們，開啟了日本現代建築的新紀元。

二次大戰期間，一九四五年，台灣州廳曾被美軍空襲戰火焚毀南門路側，幾經修建，也一度閒置，一九四九年遇上了國府來台，國府自然無意維護所謂「日據」時期的「皇民化建築」，先挪為軍用，後又讓給了市政府，年久失修，正面山牆上曼薩式屋頂(Mansard style)左衛塔圓頂(Dome)本來已經不見了，且一度面臨拆除的命運，一九九六年在成大建築系及文史工作者的努力下，終於保存了下來，二○○二年修復為現，恢復了昔日的風華。

其二、這裡是國家台灣文學館，陳列台灣文學先輩賴和、鍾肇政、巫永福、李喬乃至我的老友吳錦發、李昂等的作品，我可以很驕傲的跟來者介紹，這裡儲存著台灣人百年來重要的台灣魂，是台灣人精神的聖殿。

國立台灣文學館夜景

其三、這一帶不僅有日治時代的建築，也有鄭氏王朝以及清治以來的孔廟文化園區，更有舊市議會，形成了台灣百餘年來的建築活博物館區，比較幾個時期的統治政權所留下旳建築遺跡，其中最沒有文化教養的，當然是台南老一輩經常數落的「沒讀冊兼沒衛生」的國民黨政權了。

台南國華街，往昔有「賊仔市」之稱，許多軍事用品如兵仔衫等都被偷來這裡交易，我以前總是很納悶，既能盜賣軍需，貨源從何而來？後來才弄清楚原來這裡曾為「空軍供應司令部」，腐敗的軍隊，贓貨自是源源不絕了。

有一回辜寬敏夫婦來府城度假，我就這麼引領他緩步在文學館中，途中遇見了許多文青，齊聲驚呼，索請簽名，逗得辜老大樂，最後在文學館的側翼咖啡廳歇息，辜老乃大發豪語：台灣人執政後，我就可以搬來台南住了！

用手機拍了影片來分享：

台南市中西區中正路1號
電話：06-2217201
服務時間：
每日 09:00–21:00
公休日：週一

日本留給台灣的精神文化遺產，
連日本也沒有了

台南武德殿

每逢周末，
「武德殿」裡便傳出震天價響的嘶殺聲，
站在「葉石濤文學紀念館」前老遠就聽得見，
原來是各地的劍道習劍者
都會來這裡找人比劃一番……。

　　每逢週末，「武德殿」裡便傳出震天價響的嘶殺聲，站在「葉石濤文學紀念館」前老遠就聽得見，原來是各地的劍道習劍者都會來這裡找人比劃一番。我有一回經過，忽然想起葉石濤老前輩在《台灣文學的悲情》一段描述日治時期的台灣文學，大約是「從民國二十六年的七月七七事變發生到三十四年的九月大約八年的期間，日本總督府以鐵腕政策，廢除了一切文學雜誌，把台灣日文作家組統起來，控制了台

灣日文作家的創作活動，企圖使他們變成協助侵略戰爭的宣傳工具。」

　　日治時期台灣的文學作家王昶雄有篇代表作《奔流》是以日文寫成，這篇文章引起了「媚日」與「抗日」的後世爭論，內容就是從拚死練劍道的兩位師徒伊東春生和林柏年的故事展開的。

　　伊東春生本名朱春生，他身為本島人（台灣人）卻刻意

殿外畫了兩名練習日本劍道的劍士，當然不會在殿外練習，要是畫在室內就看不見了。

祖孫二人準備進入武
德殿，小孫子身上穿
的衣服印上了美國FBI
聯邦調查局的字眼。

隱瞞他的實際身份：「在伊東
來說，認為成為一個道地的內
地人（日本人），也就是要把
鄉土的土臭完全去掉之意。為
了這個，連親生的親人也非踩
越過去不可。」而十八歲的林
柏年則是極端的反對伊東：「但
是，我愈是堂堂的日本人，就
愈非是個堂堂的台灣人不可。

不必為了出生在南方，就鄙夷自己。沁入這裏的生活，並不
一定要鄙夷故鄉的鄉間土臭。」

　　小說裡透過伊東帶領林柏年爭取劍道的優勝，證明「問
題本不在比賽的勝負，要緊的是，要讓日本人的血液在體內
萌生出來，使它不斷生長」最後終於贏得勝利。『那並不是
做夢。本島人終於把國技——劍道，變成自己的東西了。該
是心和技一致了，即所謂能虛心坦懷地應戰的結束吧。』」

　　王昶雄以第一人稱「我」來形容那時候的台灣人在日本
「皇民化運動」的推動下心中的矛盾與掙扎：「我想起了在內
地的時候。被問到『府上是那兒啊』的時候，不 知是什麼
心理作用，大抵回答四國或九州。為什麼我有顧忌，不敢說
是『台灣』呢？因此我不得不經常頂著木村文六的假名做事
情。到浴堂去，到飯食店去喝酒，都使用這名字。自以為是
個頗為道地的內地人，得意地聳著肩膀高談闊論。有時胡亂
賣弄一些江湖土腔，把對方唬得一愣一愣的。因此，跟台灣
土腔很重的友人在一道 時，怕被認出是台灣人，為之提心吊
膽。當假面皮就要被揭開時，我就會像松鼠一般逃之夭夭。
十年間，不間斷的，我的神經都在緊張狀態之下。」

如果將本文的「日本人」換成國府來台後的統治階級「外省人」，將「本島人」換成「本省人」那麼在台灣尚未民主化之前的「省籍情結」就在我這一代人身上發生了，又上演日治時期的同樣戲碼，當然，如今全面本土化，不分本、外省，大部份的人都自認是台灣人了，只是仍有少數自認自己是「高級的外省人」。

　　我有一回應「李登輝之友會」的邀請陪同前往東京觀察，該會也有由日本人所組成的後援會，遇見這些崇拜李前總統的日本人，反倒令我大惑不解，何以日本人會崇拜這位曾是殖民地的台灣總統？後來我才明白，原來李登輝是在日本戰前所培養出來的精英，而日本人認為那種日本精神已經留在台灣，「內地」反而盪然無存，李登輝所代表的就是旅日作家黃文雄所寫的著作《日本留給台灣的精神文化遺產》裡的象徵。

　　那些「日本留給台灣的精神文化遺產」有無流傳到我這一代戰後嬰兒潮？我沒有特別感受，但有回到中國廈門，一開口說話，語言相同，當地人卻馬上驚覺：「你是台灣來的嗎？」為什麼？因為台灣人講「閩南語」比較輕聲細語，比較有禮貌。

　　武德殿是日本人留在台灣的遺產，是日本軍國主義尚武時代的建築地標，也是目前台灣最大、保存得最完整的武術殿堂，在日本也不容易找得到類似的規模了。殿裡勤練日本劍道的劍士們告訴我，赤腳踩在檜木地板上練劍，特別有感覺，除此之外，其他的故事都是我的獨白，不足為外人道也。

用手機拍了影片來分享：

武德殿現為「忠義國小」禮堂
開放時間：週六、週日全天
忠義國小
台南市中西區忠義路二段2號
06-2222768

台南氣質遊，就找巷子內的導覽吧

葉石濤文學紀念館

觀光客來台南，還有個速成法：

到「葉石濤文學紀念館」報名，

花個百來塊錢導覽費，就有專人帶隊解說，

可以從紀念館開始→台南州廳→大正公園→消防署→

銀座通→度小月→土地銀行→林百貨→五帝廟→

勸善堂→打石街→台南郵局本局→天公廟→

草花街→鞋街→竹仔街→打銀街→中央市場→

蕃薯崎圖書館→傀儡巷 →萬福庵→施家大厝→

范進士街→赤嵌樓→代書館街→台南女子公學校→

蕃薯簽市→石舂臼→米街→大天后宮→葫蘆巷→

武廟→武廟街→本町（派出所）→大井頭→

皇后戲院→蝸牛巷→永福國小，

最後再回到紀念館來解散，

大抵這麼一圈就能擬想出

那個年代的人文天際線了⋯⋯。

　　「台南是個適合人們做夢、幹活、戀愛、結婚、悠然過活的地方。」這話是台灣文學先輩葉石濤的名言，我這六年住了下來，經常會追隨前輩的腳跡，到處挖寶，逐漸體會他這句話的涵義了。

　　後來發現觀光客來台南，還有個速成法：到「葉石濤

文學紀念館」報名，花個百來塊錢導覽費，就有專人帶隊解說，可以從紀念館開始→台南州廳→大正公園→消防 署→銀座通→度小月→土地銀行→林百貨→五帝廟→勸善堂→打石街→台南郵局本局→天公廟→草花街→鞋街→竹仔街→打銀街→中央市場→蕃薯崎圖書館→傀儡巷 →萬福庵→施家大厝

葉石濤文學紀念館，二〇一二年八月開幕，繳一百元，假日都有專人深度導覽。

葉石濤文學紀念館的入
口處銅像。

→范進士街→赤嵌樓→代書館街→台南女子公學校→蕃薯簽
市→石舂臼→米街→大天后宮→葫蘆巷→武廟→武廟街→本
町（派出所）→大井頭→ 皇后戲院→蝸牛巷→永福國小，最
後再回到紀念館來解散，大抵這麼一圈就能擬想出那個年代
的人文天際線了。

　　台南古蹟是全國之冠，包含明鄭氏王朝與清時期的七個
一級古蹟、八個二級古蹟，而三級古蹟有三十七個之多，漢
文化閩南式建築之外，日治時期的現代建築尤值稱頌，從巴
洛克到新藝術風格均有之，我很欣羨在地人從小就穿梭在這
些或樓閣亭榭，或當代建築活博物館中，養成獨特的氣質。
巧合的是，婿某娘家在忠義路（古為打銀街）的老街上，對
面就原是葉石濤的老家，本為三進三落的閩式建築，其父祖
七代均生活於此，但在日治時期以開闢「防空空地」為由遭
到拆除，後來又被民國時代的市長改建成「國花百貨」，只
是現在的百貨公司早已歇業，形同廢墟般的閒置，僅少數空
間尚有利用。一頁葉厝滄桑史從日本人到國府，葉老前輩如

果還在人世，大概也會如我一樣大歎：走了一個剉屎的，來了一個竄屎的，所幸現在台灣意識抬頭，許多台灣人共同的記憶，方才逐一被搶救回來。

由於葉家古厝已不復存在，市府乃將位於「國家台灣文學館」後方，原來日治時期的「山林事務所」整建後，改為「葉石濤文學紀念館」，館內陳設了許多他膾炙人口的著作，要了解台南的過去，承先啟後，這些著作不可不讀，在他的生花妙筆下，甚多古早的台南生活都活靈活現起來了，比如許多內容描述都是從葉厝出發，呈放射性擴及過去的府城鞋街、竹子街、打石街、馬兵營街、油行尾街、草花街、石坊腳、蕃薯崎、破布巷、米街、大銃街、豆子市等，形成這些市集的原因，有如中世紀歐洲的基爾特（guilt）組織，只是沒有基爾特組織的技術獨占，是一種為利益保持而產生排他性的集中市場。

葉石濤藉文學創作，細寫台南的舊慣習俗，字裡行間播下台灣意識的種子，我踩鐵馬逛大街可也沒讓腦袋閒盪，心中總會浮現出眾多他作品中的情景來，偶而認出文中所描述的場所，便驚呼不已，其實我年輕時就已知曉葉老前輩對台灣的貢獻，尤其在台灣文學上，力主「沒有土地，哪有文學？」，高舉「鄉土文學」起義的大纛，但要到我搬至台南樂活，親臨實境，小說中的情節才感同身受，眼前的大街小巷彷彿回到過去，一幕幕小說改編的復古電影，免收門票，正在精彩演出。

葉石濤文學紀念館的南洋杉。

用手機拍了影片來分享：

台南市中西區友愛街8-3號
電話：06-2215065
公休日：週一

傳統與創新的典範，連李濤也停車暫借問

合成帆布行

近年來不少名人對帆布包很是鍾愛，
比如「合成」的店裡就有個吳念真簽名「反核包」和印有自行設計的
「豬頭國小」書包，非常逗趣；
我有一回甚至在這裡遇見了李濤，他也愛上這種手工的帆布包……。

　　TVBS電視台剛開始在台灣建台時，我人生的第一個電視節目《選舉萬歲》就接在李濤的《全民開講》之後。他是老電視人，我則是從平面媒體轉戰而來，當時是有線電視台成立的伊始，無線三台的人認為要將電視訊號傳送到挨家逐戶，還有一段很長的日子，可是很快的，有線電視在幾年內就取得主流的地位，創造性破壞證明典範移轉是突如其來令人措手不及，不會是慢慢改變的。

　　古早時代台語稱裝載東西的袋子或包包為「茭芷」，從草編到後來帆布或塑膠，老一輩的人不管材質的變化，一概以舊稱呼之。對我來說，最重要的「茭芷」就是帆布包做的書包，後來得知台南傳統產業中帆布也曾是大宗，便開始打聽各家的良莠，背著帆布書包踩鐵馬，一展當年「文青」的復古風，應該可以用很「潮」的字眼來形容罷？

　　不過帆布包因為遭到國際品牌的挑戰，瞬間在市場裡節節退敗，因此急需在傳統與創新之間尋求突破，日本京都知名帆布品牌「一澤信三郎」就是轉型成功的典範。台南幾家帆布行，諸如「永盛」、「廣盛」和「合成」等，我也經常佇

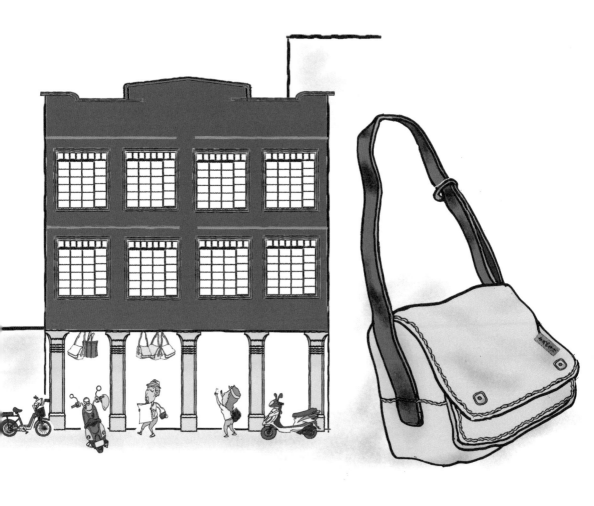

足觀察他們的新式設計，比較台、日之間的差異。

　　「創新不要離傳統太遠！」這是「合成帆布行」的老闆
許勝凱在閒聊中告訴我的設計理念，所以公版的樣式也不能
流於太過花俏，失去了帆布包本來古樸的質感。

　　在我看來，數位網路時代必得實現「分工分享」的概
念，再加以客製化才是王道。許多人將自己喜愛的圖樣拿來
「合成」，選擇既有的公版、顏色，組合成獨一無二的帆布
包，如此卻也能營造出多元的設計感來。

**合成帆布行是傳統與
創新的典範。**

帆布包非常耐用而且「深緣」，有如老酒般的愈陳愈香，久持更能彰顯個人特色。許老闆也對自己的產品呵護有加，還特地印製了帆布包保養法：

溫柔手刷洗，曬曬暖陽；遠離洗衣機，平放晾乾；金屬材質上點油，常保光澤不生鏽；褪色皺折最是自然，養一個有自己味道的帆布包。

近年來不少名人對帆布包很是鍾愛，比如「合成」的店裡就有個吳念真簽名「反核包」和印有自行設計的「豬頭國小」書包，非常逗趣；我有一回甚至在這裡遇見了李濤，他也愛上這種手工的帆布包。

我最後毅然決然離開電視圈，李濤在TVBS的節目也「謝謝收看」，彷彿宣告一個媒體時代的終結，也不過就是二十年的時間罷了，現在幾乎所有的傳統媒體都受到網路的威脅，正走向裂解的結局。

李濤遇見我時，仍然是一部箱型車和大隊電視台人馬前呼後擁，我則腳著拖鞋，踽踽獨行而來，從褲袋裡掏出一支手機，東照西拍，自得其樂，忽然李濤開口相認，我透視他的大墨鏡也認出他來，歡喜相擁，我們的政治理念不盡相同，但都曾在同一個有線電視時代裡縱橫沙場，如今雲淡風清，見面卻是倍感親切了。

「典範移轉總是突如其來令人措手不及，不會是慢慢改變的。」這句話現在是我教授學生時，課堂上經常提及的一句話。

用手機拍了影片來分享：

台南市中西區中山路45號
電話：06-2224477
營業時間：週一至週五09:00–21:00
週六日09:00-20:00

怪不得李安也要買，說台南的帆布包

永盛帆布行

二〇〇三年，大導演李安因著要嚐「度小月」中正路旗艦店的擔仔麵而撞見緊鄰的「永盛帆布行」，當場買了一個，於是更形聲名大噪。

台南的帆布包有點像李安導的電影，不同於好萊塢式單線發展、腦殘劇情，**happy ending**的大量生產公式，有些還提供適度的客製化，

這種免於被市場商品經濟禁錮的自由，要來台南慢活才訂得到……。

　　對我這種四年級生以上的人來說，有兩種帆布製的產品代表著不凡的意義，一是帆布鞋，另一則為帆布書包。

　　帆布鞋中又以牛頭牌的「中國強」黑白帆布鞋最是珍貴，是得考試成績好，大人獎賞，才能穿得到的品牌。

　　我小時候還算品學兼優，偶而考到第一名，媽媽平常雖然省吃儉用，但輸人不輸陣，也帶我去買了一雙「中國強」，這鞋很堅韌耐用，怎麼穿都不壞，好在長得快，鞋子不能穿了，可以交給下面的弟妹用，不過鞋名「中國強」和當時電視上的布袋戲「雲州大儒俠」裡的神秘角色「中國強」老人一樣，雖是政府「愚民」的宣傳政策，但幼時心靈並不知覺，只曉得「中國強」代表某種「威風」的意思。

　　廠商在一、二十年後，割捨不了老字號，又推出「中國強復刻版」，有無因此而被誤判成「made in China」而被消費者視為劣質品？則不得而知了。

　　其二是帆布書包，在南部，幾乎都是高雄「書包大王」這個品牌的天下，書包外有個塑膠袋縫在內層，裡頭放了一張紙，可以寫上學校、年級和班別等，當時學子的最大夢想

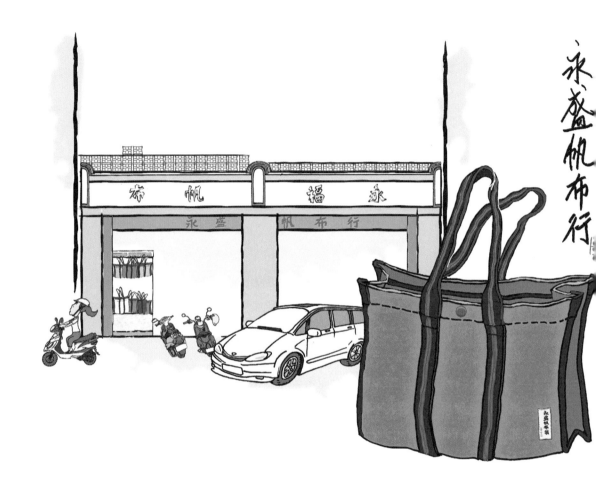

就是印上第一志願的雄中、雄女等校名。

　　帆布取之純綿、密度高，面料較多，紋路緊密，在表面印製圖文成像效果佳，清洗更是方便容易，小時候，家長們買帆布製品自然是為了堅固不易破損，長期下來，反倒省下許多錢財。台灣進入工業時期後，帆布便就此失寵，替代的製品紛紛出籠。

　　風水輪流轉，如今帆布又翻身，成了環保人士的最愛，尤其是捨棄使用塑膠袋，而以帆布袋來做為環保購物的必備

品，且復古風起，背個帆布袋，走文藝知青路線，更是時下潮男萌女的最愛。

在台南，堅持帆布製造的許多家老店至今仍屹立不搖，且頑固的一定要手工縫製，我們家媳某回到娘家台南就執意要訂購一個，不料等候完工取貨的時間，比我那些豪門貴婦的朋友們瘋狂搶購LV鉑金包的時間更久。

台南歷史最悠久的「永盛帆布行」在網路上被許多網友拿來和日本京都的名店「一澤信三郎」相比擬，在我看來，兩者款式設計都留存著一種古樸的氛圍，和時下諸如蘭蝶氏(Me'landers)英倫復古包、芬迪（Fendi）牛角包、愛馬仕（Hermès）花園派對帆布包等名牌商品的濃妝艷抹大異其趣，反而散發著文人的簡約氣息，我想這應該是從傳統產業加工廠初步轉型自創品牌的過渡期，猶抱琵琶半遮面，還帶著幾許羞澀或矜持吧？

二〇〇三年，大導演李安因著要嚐「度小月」中正路旗艦店的擔仔麵而撞見緊鄰的「永盛帆布行」，當場買了一個，於是更形聲名大噪。台南的帆布包有點像李安導的電影，不同於好萊塢式單線發展、腦殘劇情，happy ending的大量生產公式，有些還提供適度的客製化，這種免於被市場商品經濟禁錮的自由，要來台南慢活才訂得到。

用手機拍了影片來分享：

台灣台南市中西區中正路12號
電話：06-2275125
營業時間：09:30-21:30

遇見台南日治時期的大正浪漫

鶯料理

「鶯料理」是在大正十二年（一九二三年）
由天野久吉購地興建，
原有的規模闊達兩百坪，七十坪庭院，
一百三十餘坪的建築構造物，
庭園佈置具有濃郁的和風情趣……。

日本「料亭政治」我年輕時即已聽聞。據說這種政治
文化可以上溯自明治維新以後，政客們在料亭裡「會食」，
吃吃喝喝之外，並召來藝妓表演。在酒醉金迷的氛圍裡，許
多白天窒礙難行的法案或不同的意見，兩、三下就「喬」好
了。這種傳統，延續至今，人們呼之為日本政壇的「地下
國會」，而此類料亭必得熟客或經人引介，否則不得其門而
入，所以日本各大媒體為了打探消息，還得派駐記者蹲點守
候。

　　我曾是媒體高層中人，對於政壇折衝之道當然略知一、二：多數為避人耳目，率皆往私人招待所跑，然後召來酒店美女作陪，白天在議場上或政論節目裡義正嚴詞，爭得面紅耳赤，晚上則你兄我弟，終於不分藍綠了。

　　政治人物我雖有往來，但君子之交淡如水，止乎禮罷了，且非黨派中人，「喬」事情當然不會找我，不過在第一次政黨輪替前，我們一群「文青」則是經常在一些便宜又很有台味的小店家飲酒唱歌，並訐譙統治者，藉此培養革命的

重建的鶯料理，只剩原中棟的一部份，上為他棟延伸而來的包廂，下為廚房，因此上下之間並無樓梯設置。

情感，在野黨上台執政後，搖身一變，乃成達官顯貴，開始出入高檔大飯店，那些我們常去的小店家就此生意冷清，竟至倒閉。

這就像日本也曾「政權交代」，料亭老闆本來深恐生意將一落千丈，不料新貴上台，仍熱衷於「料亭政治」這種政治上的「傳統文化」，夜夜笙歌，乃有過之而無不及。

大正時期始於一九一二到一九二六年，那是日本從一九〇五年的日俄戰爭後，元氣逐漸恢復，又適值歐戰爆發（第一次世界大戰），列強無暇東顧，於是大量的工業訂單湧向未受波及的日本，頓時取代歐洲成為世界工廠，資本社會形成，許多著名的商號如阪急百貨、可爾必思、松下電器等，都是在那個時代裡崛起的。

對於殖民地台灣來說，這是軍政轉向民政的時期，大正四年（一九一五年）台南爆發了噍吧哖事件，大規模武裝暴動，事發兵敗後漢人抗日活動自此趨於式微；大正七年（一九一八年），田健治郎成為台灣首任文官總督，採懷柔政策，並積極改革，推行「內地延長主義」，實行市街改正，台灣市鎮風為之耳目一新，並重整台灣行政區劃，也發布教育令，確立教育體制，其中制定「法三號」引響甚深，終將日本法律適用範圍延伸

夜間以燈光投影方式呈現當年觥杯交錯的情景。

至台灣。

　台灣人向殖民政府爭取民主的重要歷史組織，諸如「新民會」、「台灣文化協會」等都是在大正時期組成的，當時的社會情勢看來是較為民主和多元的，生活水平也達到空前的水準，台南當然也不例外。

　「鶯料理」是在大正十二年（一九二三年）由天野久吉購地興建，原有的規模闊達兩百坪，七十坪庭院，一百三十餘坪的建築構造物，前後期建設共計有中棟、裡棟和 表棟三座，周圍圍牆總長一百一十公尺，庭園佈置具有濃郁的和風情趣，由於瀕臨台南州廳、勸業銀行等重要政商區域，換句話說，就是府城在日治時期，日本人「料亭政治」的所在，而藝妓乃從今之「新町」（約中正路以南、海安路以西、府前路一帶，時為台灣最大的合法風化區）召喚而來。

鶯料理前的日本石燈

　一九二三年皇太子裕仁親王（後來的昭和天皇）來台南巡視，駐蹕於「知事府」，「鶯料理」則被指派為供應御膳，想必是頗為正統的日本料理，合皇室的口味吧？

　當然，國府來台後，日人不得不放棄財產返回本居地，此處收歸國有，一度成為台南一中宿舍，最後棄之不顧，二〇〇八年颱風來臨，損壞情況更為嚴重，幾經轉折，終於恢復舊觀，於二〇一三年的聖誕夜點燈重新啟用，作為新的觀光景點，和附近的重要日治時期建築連成一氣。

　台灣人不時興「料亭政治」這一套，但事情也當然要喬，我聽聞過去市長得派人去黑道議員老大的家中談判，沒酒喝、亦無藝妓表演，這要是讓日本政客知曉了，一定要大歎焚琴煮鶴也。

用手機拍了影片來分享：

台南市中西區忠義路二段84巷18號
開放時間：週一至週日10:00-21:00

當知盤中飧，粒粒皆辛苦

台南惠比壽壽司

「惠比壽壽司便當」並非生魚片壽司，
而以豆皮「稻荷壽司」、「鮭魚卷」、「花卷壽司」、「海苔壽司」等為主，
然而醋飯的調理仍非常重要，我每回看這對夫婦那般盡心用力，
價錢又壓得很低、彼平民，都會邊買邊呼感恩哦……。

　　「當知盤中飧，粒粒皆辛苦」是說農夫種田的辛勤，透早就出門，天頂漸漸光，艱苦無人問……咱們享用農作收穫之時，應當珍惜食物，不過我看「惠比壽壽司便當」的老闆簡元輝夫婦用指尖給「飯粒」一顆顆的按摩，舖平整方，扎扎實實的緊壓上去，稱「粒粒更辛苦」，一點也不為過。

　　這種辛勞，經年累月下來，手部關節的滑潤層早已磨光，必須注射玻尿酸來治療。

　　製作壽司的精髓在醋飯，我嘗見台灣高級日本料理師傅製作醋飯：就地取材，選擇雜質、碎米少的台粳九號米，從洗米開始就得戰戰兢兢，然將壽司醋平均淋於熟飯之上，此時手拿木杓急拌，使米飯調和，再來電風扇侍候（古時用手工），不斷搧風將醋之多餘酸味除去，也好吹涼起鍋熱度，並讓醋香滲入米飯之中，直至米粒正反都如上臘打光為止，而飯粒溫度不可過高亦須保留部份餘溫，所以必得置於木桶中，以濕布覆蓋，上桌的壽司，如果是生魚片壽司，最好是立即夾入口中咀嚼吞嚥，否則會影響生鮮的味道。

　　「惠比壽壽司便當」並非生魚片壽司，而以豆皮「稻荷

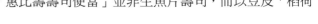

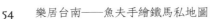

壽司」、「鮭魚卷」、「花卷壽司」、「海苔壽司」等為主，
然而醋飯的調理仍非常重要，我每回看這對夫婦那般盡心用
力，價錢又壓得很低、很平民，都會邊買邊呼感恩哦！

　　近年來，我鮮少看到簡老闆，原來兩手做得再也無法太
過勞動了，一大早準備食材後，便稍事休息去，由妻子負責
販售製作，遇有人要大量訂購，一定得儘早預約，否則就做
不出來了。

不只醋飯，那玉子燒也是層層香煎疊了上去，極其用心。

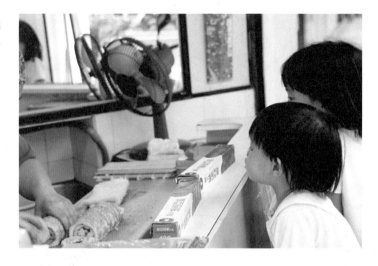

惠比壽壽司。

用手機拍了影片來分享：

台南市中西區開山路5號
電話：06-2229991
營業時間：週二至週日
中午11:00-13:30；16:30-20:00
公休日：週一

由於和老闆夫婦熟稔，因此於閒話家常中得知他們的辛苦。台南小吃的店家發生職業病變者，賣牛肉湯的做到五十肩病發，只好休養一陣子去；賣魚粥的，長期站立，足根扭曲變形，或脊椎病變，或肘部慢性發炎，賺的都給了醫生去了。

近年來，我很努力的描繪台灣小食，往往畫得視茫茫，兩眼昏花，比如繪製惠比壽的壽司時，除詳細觀察實物外，也參酌若干照片，不料仍是將那海苔壽司給畫成整片包裹，完工前再去現場看了一遍，發現原來是沾海苔碎片！只好重新來過，年過半百，哪天廉頗老矣，要畫得如此精細，恐怕也將力有未逮矣！

在這裡品茶太有氣質，但聽故事會生氣！

十八卯茶屋

現稱「吳園藝文中心」的範圍，
其實就是從鄭氏王朝到日治時期台南重要的政商中心，「十八卯茶屋」原是當時
最大日式料理食堂之一，稱「柳下屋」或「柳下食堂」，簡稱「柳屋」。
現由政府整建後，委由台南茶葉界的名人「奉茶」的老闆葉東泰來經營……。

　　偶有好友來台南找我，如有充份的時間，我總是會帶
他們信步來到「吳園藝文中心」，走進典雅的巴洛克式建築
「公會堂」，遇有文化展演，則許駐足流連一番，出了公會
堂，則到後頭的經典閩南式水榭一遊，看圓荷翠小，榭閣薰
風淺，再迴遊返來在這家原是日式食堂的「十八卯茶屋」歇
歇腳，然後請聽我古董山人說晚明，白頭宮女話天寶。

　　這要從「吳園」的故事說起。

　　吳麟，官名吳尚新，是清國道光時期以鹽業起家的富
商，約於一八二八年至一八二九年時購入其宅地北邊，當
時荷蘭治台期間的通事何斌的庭園整建而成，起造之初名
為「紫春園」，特遠從唐山聘來匠師，仿漳州城外飛來峰的
形勢，極其妍的精心擘畫，頗有「華清池水色青蒼，此日規
模越盛唐」的氣魄，由於吳家為當時首富，百姓呼其宅第為
「樓仔」，且諺云「有樓仔內的富，也無樓仔內的厝；有樓
仔內的厝，也無樓仔內的富」。興建完成後，理所當然的與
台中霧峰萊園、新竹北郭園及板橋林本源園邸並稱「台灣四
大名園」，但日人治台期間，吳氏家道中落，還與韶光共憔

悴，不堪看，財產分崩離析，一九一一年，日人在吳園的南
方興建了「台南公館」（一九二三年改名為「台南公會堂」）
做為政令宣導，教化市民的場所。

吳園的西南方則興建了日治時期著名的「四春園旅
館」，因以吳園為腹地，景緻怡人，為政商名流的重要出
入所在，許多「手車仔」（tshiú-tshia-á）或「牽車」（khan-
tshia），純由人力拖行的三輪車經常停靠在此候客，盛況可見
一斑，國府來台後為國民黨台南市黨部所接收，遇見了終戰
時期百姓眼中「沒讀冊又無衛生」的外來政權，其下場自然
不言而喻。

一九二〇年，吳園的西北角興建了現代的「台南市水浴
場」，北側則由辜顯榮捐贈蓋起了一座美崙美奐的日本式樣

建築「台南圖書館」，可恨到了一九七五年，在政商乾坤大挪移的五鬼搬運術中，全成了遠東百貨集團的地產，時任台南市長為國民黨籍的張麗堂。

因此現稱「吳園藝文中心」的範圍，其實就是從鄭氏王朝到日治時期台南重要的政商中心，「十八卯茶屋」原是當時最大日式料理食堂之一，稱「柳下屋」或「柳下食堂」，簡稱「柳屋」，現由政府整建後，委由台南茶葉界的名人「奉茶」的老闆葉東泰來經營。

用手機拍了影片來分享：

台南市中西區民權路2段30號
電話：06-2211218
營業時間：週一至週日10:00-20:00

葉東泰是名茶商，卻頗具文化氣質，尤與地方的騷人墨客嫻熟，精於文化創意事業的營運，創造出許多膾炙人口的茶故事，把這地方交給他，乃千里馬遇見伯樂，浴火重生也是可以遇見的了。

現在的吳園局促一隅，背後是一座龐然怪物的遠東百貨，不僅財大氣粗的霸凌古色古香的文化遺址，還破壞了古蹟的天際線；假如當初台南圖書館和四春園等能夠原封不動的保存下來，那麼台南的軟實力、文化財在今日所能創造的文創經濟，一定遠比當年那些政客與商人所看到的土地開發利益更為福國利民了。

還好，現在來這裡喝杯茶，仍然能徜徉在部份搶救回來的歷史建築裡，遙想當年地上天官的花錦世界，只是朋友總是看我忽然愈講愈激，反倒好心勸我來這茶館品茗，保持悠閒自適為要，千萬不要大動肝火，傷了身子啊！

早安！台南，我的古早味回來了
老李米奶、杏仁茶專門店

一八九五年來台的日本人佐倉孫三所寫的《臺風雜記》，
就說台灣人愛吃豬油其來有自：
「聞天候溫熱之境，不食油與肉，則體氣枯瘦，不堪勞動；
臺人之調理法，蓋有見於茲歟？」⋯⋯。

　　歌手盧廣仲有首歌叫《早安，晨之美》，歌詞是：「好多好多的早餐在這裡，在我們最熟悉的早餐店裡，不管你睡的多晚起的多晚，晨之美永遠在這裡歡迎光臨你。」然後進入間奏：「對啊對啊對啊對啊對對啊⋯⋯」個不停，幾近兒歌般的跳針重覆，看他的MV，畫面只是幾瓶便利商店買來的可能是化學調製的罐裝飲料，再來幾片土司、幾支香蕉，全戲便看著一位留著豬哥亮髮型的年輕人大啖這頓早餐，而就是所謂晨之美了，影片點閱人數超過百萬以上的，顯然深受網民喜愛。

　　然而，又有影片是同樣的曲子換了名女性歌手來演唱，可怪也乎，卻有一百八十度的轉變，忽羯鼓一聲，歌喉遽發，字字清脆，聲聲宛轉，如新鶯出谷，乳燕歸巢！看來盧廣仲創作的歌曲自有其可塑性，只是我這種LKK不是很習慣罷了。

　　范瓊英（Pham Quynh Anh）是出生在比利時的越南人，父母因戰火而被迫離開祖國，她從小就聽聞上一代對故鄉的思念，後來創作了《早安，越南（Bonjour! Vietnam或英

語 Hello! Vietnam）》這首歌，其中敘述她對從未到過的祖
國思慕之情，歌詞大約是：有一天，我會到那裡，觸摸到
我的樹、我的根，我的土地，跟你說早安！越南……。由
於旋律，內容都非常感人，因而全球傳唱，至今仍餘音繞
樑，我曾到過越南，一下飛機，居然也高呼「Bonjour！
Vietnam」，這是我那個年代的晨之美。

那個年代的「早安」不只是打招呼、吃早餐而已，還有
著土地認同和濃濃的鄉愁。

我現在經常一大早起床，就踩著鐵馬穿梭在大街小巷
中，早安！台南。而從前在台北，則因工作的關係，很久一

老李米漿。

老李米漿的饅頭包油條。

老李米漿的杏仁茶。

段時間不曾跟太陽公公「挨拶（ai-sa-tsu）日文『打招呼』之意」，印象中的「晨之美」，對啊對啊對啊對啊對對啊……居然也很像盧廣仲MV裡的模樣，在昏暗的燈光中咕嚕咕嚕的喝著化學飲料、啃著土司和香蕉。

從小我家門前是個大市場，有攤賣米漿（台語呼「米奶」）的就在我家大門口外，那米漿的味道帶股花生的焦味，又羼雜了撲鼻的米香，原來是將土豆給炒個幾近焦黑，做出來的米漿表面就呈黑褐色，香味四溢。

其實長大後米漿也不是難買，便利商店很多，只是我總懷疑那種過甜的滋味有可能是化學調製的，我記憶中兒時的味道，是帶著滿滿一嘴的米香上學去，當然不是機器所能生產出來的。如今在台南的早晨裡找到了，六十年以上歷史的「老李早餐店」，這地點早上賣米漿，晚上賣米糕，早晚都有美食侍候，而且一試就會從囡仔呷到作阿公；花生用的是北港土豆，以浸過的壽司米磨成米漿，香醇濃郁，杏仁茶亦復如是。

菜包、蛋餅也是我的最愛，尤其用「肉油」來糊特別香濃，沙拉油還沒時興前，台灣人都用豬油來料理，一八九五年來台的日本人佐倉孫三所寫的《臺風雜記》，就說台灣人愛吃豬油其來有自：「聞天候溫熱之境，不食油與肉，則體氣枯瘦，不堪勞動；臺人之調理法，蓋有見於茲歟？」

豬油一度被沙拉油給取代，如今沙拉油商譽又被黑心油商破壞殆盡，早安，台南，我的古早味回來了！

用手機拍了影片來分享：

台南市中西區公園路12號
電話：06-2244720
營業時間：06:00-10:00

張良辭漢，范蠡歸湖，不亦快哉！

台南肉伯火雞肉飯

肉伯的火雞肉飯來自嘉義番路鄉，
三十餘年前越過八掌溪，猛龍過江前來美食之都搶佔一席之地，
廖家兄弟姊妹家族六人有如「出埃及記」般的全數遷到府城謀生……。

原台南測候所是日治時期的建築，因其外形酷似從前裝胡椒粉的罐子，人民戲稱「胡椒管」，所外的數株紫花風鈴木原本在每年的二、三月間盛開。每年到了這個季節，趁著春暖花開，我常會到對街的幾家店邊嚐美食邊賞花，如早點的「老李米漿」，下午茶的「奉茶」飲品和中晝頓的「肉伯雞肉飯」等，幾年來仔細觀察，繁花緊簇的時間由於地球氣候的變遷，愈來愈不照表操課了，連冬季十一月或十二月間也經常急著滿開了。

原台南測候所落成於一八九八年，建築非常具有特色，由圓形結構與胖嘟嘟的煙囪塔樓兩種構造組成，是日治時期初期少建的大型建築之一，不只年代久遠，而且是現代氣象觀測的啟蒙地。大部份的府城在地人都對它的奇特建築留下深刻的印象，我們家媳某更是獨具情感，她形容說：

小時候提著裝了舞衣舞鞋的小袋子，走經測候所前的緬梔樹下，七歲的我總愛拾起地上的雞蛋花，一朵、兩朵聞一下，繼續信步走向民生綠園的鈴響舞蹈社……。

四十多年過去，測候所前的洋紅風鈴木落花紛飛，不變

　的胡椒管造型建築，仍令人懷念那曾經的步伐……。

　　婎某的在地記憶對我來說是陌生的，不過我總是很努力地試著融入，所幸台南對於後到先來者皆一視同仁，市長賴清德亦非在地人，差別就在那顆愛鄉愛土的心，對味了，就很容易走進府城人的心。

　　肉伯的火雞肉飯來自嘉義番路鄉，三十餘年前越過八

掌溪，猛龍過江前來美食之都搶佔一席之地，廖家兄弟姊妹家族六人有如「出埃及記」般的全數遷到府城謀生。當時，兄弟齊心，其利斷金，且台南地區當初也鮮有人經營火雞肉飯，開張之後果然大受歡迎，如今台南雞肉飯的業者，不是姓廖，就是廖家學徒出去自立門戶者居多，而位於「胡椒管」對面的這家「肉伯」聽說就是開基地。

台南口味的香菇肉羹湯。

火雞肉以選下營一帶國產飼養當日現宰為最佳，火雞肉太硬，所以得拿刀切丁來食，肉塊顏色有淺有深，那是因為部位不同，調理之後，盛碗白飯，再淋上滷汁和雞油，便很「續嘴」了。

不過配湯方面，香菇肉羹、扁魚白菜湯、滷筍乾等倒是和我在嘉義所見者諸如：火雞心湯、粿仔湯等不同，全經微調，成了台南人所熟悉的品項。

張良辭漢，范蠡歸湖，其實台南也住了許多曾經在朝為官的老友們，也經常在測候所一帶相遇，我戲稱此乃避秦之禍，前朝朝廷大遷徒，雖然終究是甚少連絡，但我想他們遠離權力中心，和我一樣嬉遊於江湖之上，如今一碗雞肉飯，抬頭欣賞眼前的歷史建築和花木，應該也是自得其樂，不亦快哉吧！

用手機拍了影片來分享：

台南市中西區公園路12號之2
電話：06-2283359
營業時間：週一至週日10:00-20:00

彷彿感受到具體的世代薪傳和創新
台南BB Art 藝術空間

B.B.Art原是一家老百貨公司，名為「美麗安洋品店」，
現在房子樓頂還存留當年白色圓形「美」字印記，
是見證歷史發展的烙痕，那時的洋品店規模是繼「林百貨」，
俗稱「五層樓仔」之後的第二大……。

認真講，在台南要努力參加各項藝文活動，那就會應接不暇，忙得不可開交。

　　總是有人不計成本的咨爾多士、為民前鋒的形塑城市文化。我搬來台南後，逐漸往來無藝術白丁，至於地方型政治人物，則敬鬼神而遠之，遇有政治激情處，亦只發乎情、止乎禮，偶而客串演出罷了。

　　因為有著許多文學藝術在描述台南的在地生活文化，城市行銷的文化厚度足，文學界前輩葉石濤一句：「台南，是一個適合人們做夢、幹活、戀愛、結婚、悠然過活的地方。」算是號角響起，這些年來，企業界更是有計畫地收購老房子，加以修繕改造，聘請經驗豐富的策展人一起來讓老屋注入新生命，台南的文創發展，不像是由政府植栽的溫室園區，卻有如野百合般的從田野裡生長出來，到處開花。

　　B.B.Art原是一家老百貨公司，名為「美麗安洋品店」，現在房子樓頂還存留當年白色圓形「美」字印記，是見證歷史發展的烙痕，那時的洋品店規模是繼「林百貨」，俗稱「五層樓仔」之後的第二大。歷經歲月滄桑，三樓又曾是美軍俱樂部，修復期間，我不時騎著鐵馬經過，總是好奇這棟洋樓未來的新風貌會長成什麼樣子？

　　策展人杜昭賢是多年老友，她總是在「溫柔的陷阱」中痛苦煎熬，台南許多重要的文創地標都是在她手中完成的，諸如早期的永福路「新生態藝術中心」（現已歇業）、海安路藝術造街到友愛街的In Art Space和如今的B.B.Art，都有她辛苦的身影，又偏偏選擇的老是「起死回生」的任務，如巫師般的想要

老房子擺滿了新藝術創作，傳統與創新都在這裡看見了。

化腐朽為神奇。

　　這工地就位在百年老店「再發號肉粽」的對面，我很好奇包裹在工程帆布後的樓房將會以什麼樣的姿態和對街的老店對話？最後以一種素樸淺粧的墨綠出現在世人眼前，逐漸褪去帆布的遮掩時，我來「再發號」吃食，抬頭望過對街，口裡的味覺，眼前的景象，彷彿感受到這個城市具體的世代薪傳和創新。

在杜昭賢的特別允許下，終於用手機拍了影片來分享了：

台南市中西區民權路2段48號
電話：06-2233538
營業時間：11:00-21:00
公休日：週一

來嚐嚐肉燕，看看兩岸飲食文化大不同！

肉燕

在台南食綜合虱目魚丸湯，
通常放入魚肚、魚皮、魚丸、
粉蒸和肉燕，其中肉燕口感最為希奇，
包餡的外皮極富嚼勁，一問之下，原來是用豬肉做的外皮⋯⋯。

　　也不過是「肉燕」而已，我就偏偏要追根究底，說清楚，講明白。

　　在台南食綜合虱目魚丸湯，通常放入魚肚、魚皮、魚丸、粉蒸和肉燕，其中肉燕口感最為希奇，包餡的外皮極富嚼勁，一問之下，原來是用豬肉做的外皮。

　　肉燕傳說來自福州師的指點，為了追查到底福州菜對台南曾經產生什麼的影響，於是我決意啟程去中國一探究竟，其中「肉燕」的製法是被官方認定為「非物質文化遺產」，最初係從「扁食」得到的靈感，而將麵皮代之以肉皮，餡是肉，皮也是肉，呼之為「肉包肉」。

　　依據中國美食作家劉立身著《閩菜史談》所述：

　　清同治年間，福州人王世統，字清水，小名全聚。從事土特產品販賣，在閩北各地收購土特產品時，看到閩北各地「扁食」的肉餡，是用木槌槌打成泥後包裹。後又到浦城看到做「扁食」的皮，是敲打的肉泥拌薯粉擀成。他受到啟發，學成製作工藝後，回到福州，採用這種做法替代扁食的麵皮。大受人們的青睞。接著他又作改進，敲打的肉泥，拌

入蒸熟的糯米飯，加入薯粉和適量清水，反覆攪拌，不斷壓勻，初成硬坯，然後放在條板上，用圓木棍反覆碾壓，成薄如綿紙的「薄皮」，再敷上一層薄薯粉，折疊而成。再用瘦豬肉、蝦仁、荸薺等細剁為泥餡。一手持「薄皮」，一手用筷子挑適量的「餡」放入板中，合攏捏緊成燕尾形，上籠旺火蒸五分鐘即可，盛放碗中，總入高湯即可食。或晾放，食時另煮。與「扁食」所用原料不同，由「麵包肉」變為「肉包肉」故改一字稱「扁肉」。包好的「扁肉」形似飛燕，又稱「扁肉燕」。因為整個形狀似春花，如燕子迎春，雅稱「小長春」，所做的「皮」美稱「燕皮」。

　　肉燕由於口感特殊再加上名稱討喜，很受歡迎，我聽福

州人說，「扁肉燕」和「鴨蛋」同烹上菜，稱之為「太平燕」，「鴨蛋」在福州話說來像「壓亂」、「壓浪」，寓意平安幸福，成為饗宴中享有過年過節喜慶壽宴等「大菜」的地位，有所謂「無燕不成宴，無燕不成年」之說，當這道菜上桌時，眾賓客停箸，鞭炮大放，主人家起立舉杯慶賀，賓客間也可以相互敬酒了。

中國福州同利肉燕和魚丸煮成一碗湯。

在福州，外來的觀光如我者，當然就是到所謂已相傳五代的「同利肉燕」連鎖店去品嚐，正門「百年寶號」高高掛，還叮咚叮咚的掛了許多獎牌、匾額、對聯等，琳瑯滿目，大抵如此消費者便會目眩神馳，掏錢購買吧？

到「同利肉燕」點來一味「全家福」，肉容有肉燕、燕絲（長條燕皮）、鳥蛋兩顆、福州魚丸等，滋味雖稱有「嚼頭」，但並沒有我想像中的香Q，和台南的肉燕滋味差別頗大，某評論說：「那豬肉內陷，我不太放心。」

台灣的肉燕實鮮之見也，在台南則是在食虱目魚丸湯時會出現，係屬一種口感的輔佐材料，亦無所謂的「太平燕」或具任何平安祈福的意義；在製程上，中國燕皮用所謂木棍之，依我看，實為噱頭，機器壓製者居多吧？而麵皮則均製成方形切片，精選當日溫體豬的里肌肉為食材，只是我詢之於台南「永記虱目魚丸」，得到的結論是在傳至第二代時，由當時的媳婦自行研發出來的，形狀簡單，就是用竹片將肉餡舀起填入肉麵皮中再對折即成。

現在有許多著述，論及台灣飲食，動輒和堯舜禹湯文武周公的道統牽托在一起，忽略了因地制宜與飲食文化的的分道揚鑣，我刻意到福州當地考察，以防嚐台灣美食時被這些蛋頭學究吵得倒盡胃口。

用手機拍了台南永記虱目魚丸的肉燕製程影片回來分享：

台灣永記虱目魚丸
台南市中西區開山路82之1號
電話：06-2223325

中國同利肉燕老舖
中國福建省福州市鼓樓區澳門路3號
電話：+86 591 8751 5631

再現

赤崁、武廟周邊／
再現鄭氏王朝時期的庶民風華

台南最美的天際線
——祀典武廟

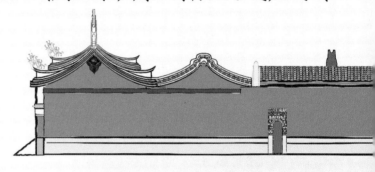

　　藝術這回事，舉凡攝影、繪畫、設計等，我都略有涉獵，雖然資質魯鈍，僅得皮毛，但得到一個粗淺的結論：加法容易，減法難。減法的背後其實是極度複雜思考後的最終表現，有如在紙上布局書法，先想白而後想黑，先考慮留白的部份再下筆。

　　赤崁樓一帶是鄭氏王朝、清朝時的政經中心，廣安宮一帶的石舂臼、新美街、國華街等，都有著聽不完的故事和許多家至今仍堅持遵古製法的美食小吃，傳統民俗技藝的商家為數不少，我試圖一步步的要手繪畫出所見所聞，但心裡並不急，我想這下半輩子應該還有很多時間畫吧？

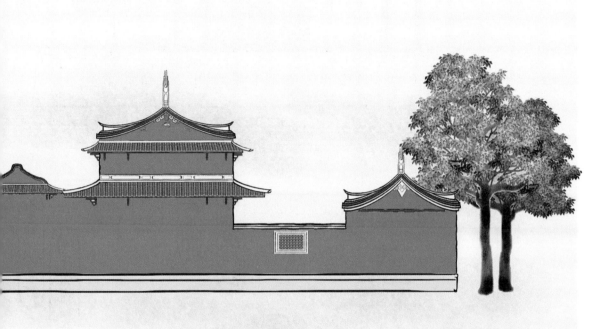

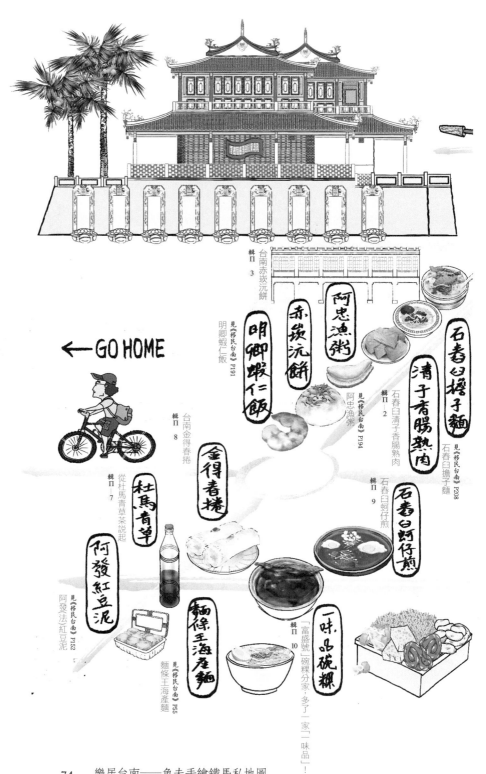

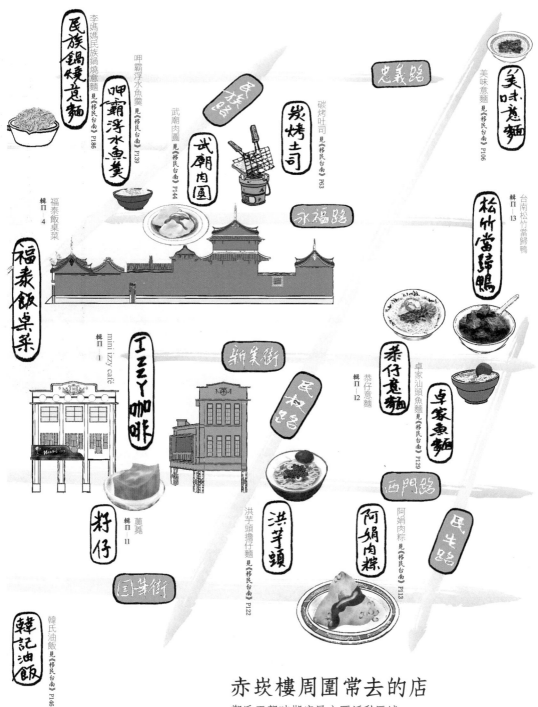

李媽媽民族鍋燒意麵
民族鍋燒意麵
見《移民台南》P186

呷霸浮水魚羹
呷霸浮水魚羹
見《移民台南》P139

武廟肉圓
武廟肉圓
見《移民台南》P144

碳烤吐司
炭烤土司
見《移民台南》P63

美味意麵
美味意麵
見《移民台南》P106

忠義路

永福路

福泰飯桌菜
福泰飯桌菜
輯口 4

台南松竹當歸鴨
松竹當歸鴨
輯口 13

mini izzy café
IZZY咖啡
輯口 1

新美街

民權路

卓家汕頭魚麵
恭仔意麵
恭仔意麵
輯口 12

卓家魚麵
見《移民台南》P129

西門路

民生路

蓴菇
籽仔
輯口 11

洪芋頭擔仔麵
洪芋頭
見《移民台南》P122

阿娟肉粽
阿娟肉粽
見《移民台南》P113

國華街

韓氏油飯
韓記油飯
見《移民台南》P146

赤崁樓周圍常去的店
鄭氏王朝時期庶民主要活動區域

路邊的幸福

台南mini izzy cafe

在台南踩著鐵馬到處逛的樂趣，除入巷弄裡穿梭外，
偶爾想歇息一下，
對時下的冷飲連鎖店實在興趣缺缺，
近來就在大路旁遇上了在古屋裡的**mini izzy cafe**，
來一杯咖啡豆經四次人工挑選過的黃金曼特寧，
中深烘焙，香醇濃郁，
湧起一種路邊的幸福感……。

有一回到日本去參觀建築宗師安藤忠雄的名作：《京都陶版名畫庭園》，這裡頭以陶版印製了莫內的《睡蓮》、日本國寶名畫《鳥雨僧》、中國清院本《清明上河圖》、米開朗基羅的《最後審判》與曾受日本浮世繪影響的印象派畫作等等，當中《清明上河圖》由台灣故宮提供，原尺寸放大四倍，複製在永不褪色的陶版上，反而可以清晰看見畫裡頭一景一物的安排，非常值得駐足端詳。

這是一座小型的展覽館，就在街道旁，可以探頭往裡望，有興趣，旁邊的小票亭買張票，就晃進去了，京都市民可以花些許時間，很快的認識世界名畫。

這種親民的建築思維，也只有安藤桑才想得出來。

　　一五○四年的義大利翡冷翠，米開朗基羅所雕刻的大
衛像即將完成，因為作品實在太優美，當局決定就擺在舊市
政廳的舊宮入口供市民參觀，我曾經到達觀賞，雖然原址是
複製品，但仍然可以想像十六世紀時路邊親炙不朽名作的盛
事。

　　初次到巴黎造訪，喝杯咖啡，大路邊車馬喧騰，人聲鼎
沸，價錢居然比裝潢得古色古香的室內貴，觀光客卻趨之若
鶩，好像沒有飛揚的塵土，這杯咖啡就沒有花都的味道了。

　　在台南踩著鐵馬到處逛的樂趣，除入巷弄裡穿梭外，

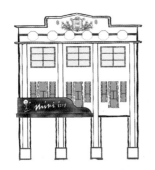

Izzy咖啡。

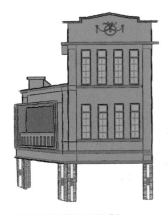

金格蛋糕（鄰IZZY咖啡）。

偶爾想歇息一下，對時下的冷飲連鎖店實在興趣缺缺，近來就在大路旁遇上了在古屋裡的mini izzy cafe，來一杯咖啡豆經四次人工挑選過的黃金曼特寧，中深烘焙，香醇濃郁，湧起一種路邊的幸福感。

老闆楊雲容小姐，從一九九六年在民族路上開了第一家Izzy咖啡，店裡好大一座咖啡烘焙機，不是擺飾，可是真的用來煮豆燃豆萁，會劈哩啪啦作響的，小容號稱是府城第一位會烘焙咖啡豆的女師，她的咖啡故事落落長，反正是老手了，咖啡香不容易走味的。

建築物曾被重新整理，拆掉承租者缺乏品味的現代招牌外衣，牆面再經粉刷，露出日治時期的本來風華面，山牆上猶可清晰望見華麗的牆飾，鑲有Trin的字樣，不知是傳達出什麼樣的豪門滄桑？只知是一對姊妹所擁有，其餘均蒙上了一層神秘的面紗。

隔隣的老屋也在「金格蛋糕」有心的整理恢復下，整理呈現高雅復古，彷彿這家店也已歷經了百年的傳承了。

兩棟典雅的建築中間，是賣庶民最愛的天然「薁蕘」的小攤子，台南人呼之為「子仔」（愛玉），我經常點來一碗透心涼先，再來一杯熱騰騰的咖啡，偶爾來份手工小點心，這是我晨起踩街的中途站。

年過半百了，適合慢活，更喜歡在古厝下喝杯香濃的咖啡，我自以為這也是一種路邊的幸福。

用手機把小容拍了回來和大家分享她的理念：

台南市中西區西門路2段277號，
電話：06-2234959
營業時間 7:30 - 22:30

老一輩台南人的下午茶

石舂臼清子香腸熟肉

與「清子」熟識者，會親切的叫一聲「子仔」，她一頭白髮，但神采奕奕，
從年輕時就跟著父親賣起香腸熟肉，所有食材均是自家手工製作，數十年如一日，
一點也不馬虎，每天一大早五點多就要處理的品項非常多，豬心、豬肝、肺、
舌、腸、尾等腹內及豬頭皮等，真是令人目不暇給⋯⋯。

　　台南有位鄭勝輝眼科醫師，他的診所兼住宅，頂樓花園
經常有許多文人雅士前來相聚，偶有小酌，便事先差人就近
去買石舂臼「清子」的香腸熟肉來下酒，客中有外地來者，
嚐過之後頻呼美味，搶著詢問地址，也想去打包回家，此時
「清子」早已打烊，香腸熟肉其實是台南人的下午茶。

　　「石舂臼」，不可寫成「石精臼」，否則便是鄭聲之亂雅
樂也。臼是舂米的工具，可搗去稻穀的穀皮，附近的「新美
街」即舊時的米街，係米商的集中地，而置臼舂米的地方，
乃逐漸慣稱「石舂臼」了。

　　石舂臼是台南重要的美食發源地。台南有句俗諺：「行
啊行，行到王宮吃肉粽」，「王宮」就是「廣安宮」，本來位
於如今的民族路和新美街交叉路，大正十年（一九二一年）
日人為施行「市街改正」計畫，將廟宇遷到如今石舂臼點心
市場的後方，反而建成極具特色的閩洋折衷形式，而台南著
名的小吃如「阿憨鹹粥」就在廟前發跡，點心市場裡更有府
城第一家米糕、海產粥等，今日要是打著「石舂臼」招牌前
提者，指的就是從這個市場裡起始營業的。

　　我從前在電視台時就曾帶隊來過石舂臼拍攝美食，有幸目睹當年本名鄭極的阿憨（實應作「阿儑」）舀出一碗碗的鹹粥，仔細瞧他的動作，手之所觸，肩之所倚，莫不中音，合於桑林之舞，最神奇的是嘴裡刁根煙，眾人在一旁私自下注，打賭那煙蒂會不會掉進粥鍋裡，很神奇，賭進鍋者，鐵定是輸家。

　　石舂臼的地主後來想收回土地改建大樓，許多店家迫不得已搬了出去，「清子香腸熟肉」就是從市場裡搬到隣近的這六連棟的老屋來的。

　　最後改建大樓的計畫沒成功，點心市場的盛況卻失色不少，「廣安宮」也年久失修處於閒置狀況，所幸臨近的這排古厝仍挽留了不少的美食店家，飯桌菜、牛肉湯、魚粥、米糕、意麵等等至今都是在地饕家公認的人間美味，從早到晚沖沖滾，人潮不斷，我也是常客之一，一排老屋走一巡，幾乎每家老闆都得打招呼。

與「清子」熟識者，會親切的叫一聲「子仔」，她一頭白髮，但神采奕奕，從年輕時就跟著父親賣起香腸熟肉，所有食材均是自家手工製作，數十年如一日，一點也不馬虎，每天一大早五點多就要處理的品項非常多，豬心、豬肝、肺、舌、腸、尾等腹內及豬頭皮等，真是令人目不暇給，不只如此，還有海鮮鯊魚、小卷等，其餘諸如粉腸、香腸、糯米腸、蟳丸、三色蛋等應有盡有，所以又有一說，「香腸熟肉」實應作「香腸什肉」，什者，雜也，香腸和許多不同種類的白肉與紅肉的意思。

打包回家，當下酒菜。

過去香腸熟肉都是午後開賣，老一輩的饕客，三五好友，一碟切盤、幾瓶啤酒，談天說地，即能悠悠然渡過一個下午，清子到現在還是近午開張，賣到華燈初上就快收攤了。

除了美食外，我對老屋的歷史也很好奇，便趁著交關時打探淵源。據說資產屬於蔡氏家族，目前子孫多數移民國外，租金定期滙入海外特定帳戶，蔡家中有位蔡炎坤，係日本《台灣青年》雜誌的首任總編，也就是當年所謂的海外台獨份子。一九七一年，台灣旅日名人邱永漢在台、美斷交，風雨飄搖之際，時任行政院長蔣經國相中邱永漢在日本的政商影響力且是在日台獨勢力的領導者，期望藉助他的聲望穩定民心，邱永漢雖然決定束裝返回離開二十餘年的故鄉，卻深恐蔣家事後反悔，將他逮捕入獄，便由日本媒體並蔡炎坤等一同回國，以防萬一。

邱永漢的豐功偉業人們談論得多，而蔡炎坤的故事到此則戛然而止，遍尋網路也毫無所獲，屋主是否台獨當然和美食無關，只是我總喜歡打破砂鍋問到底，拼出一張我的台南心靈地圖來。假如我想聽故事，搞懂石舂臼的來龍去脈，還得多去清子那裡多食點香腸熟肉才能有所斬獲。

用手機拍得影片來分享：

台南市中西區民族路二段248號
電話：06-2206158
營業時間：11:00-20:00

從漢餅文化裡努力創新出台灣的新口味

台南赤崁沅餅

「名東蛋糕」系出台南有名的古早味
「阿美蛋糕」裡的師傅另起爐灶所經營，
因為創新口味而受到消費者的喜愛，每天大排長龍；
蛋糕屬西點，「名東」最近試圖探入漢餅市場，這就好玩了，
於是在民族路上開了一家「赤崁沅餅」試水溫……。

　　凡認真要做吃的，沒有三兩三不敢上梁山，既上了梁山，傳統與創新都得兼顧，太大的創新，老顧客流失；太過保守，又故步自封，眾口難調，乃難以面面俱到。這雖是老生常談，但是要真正做得到，不經一番寒徹骨，焉得梅花撲鼻香？

　　「名東蛋糕」系出台南有名的古早味「阿美蛋糕」裡的師傅另起爐灶所經營，因為創新口味而受到消費者的喜愛，每天大排長龍；蛋糕屬西點，「名東」最近試圖探入漢餅市場，這就好玩了，於是在民族路上開了一家「赤崁沅餅」試水溫。

　　沅餅不是什麼特殊的餅名，而是算命仙取的吉祥筆劃，可也不能全靠運氣，店家必須努力從漢餅文化裡走出一條創新的路子來；我是因為到「明卿蝦仁飯」外食而發現了這一家，一打聽，原來是「名東」的新店，便好整以暇要來觀察這新戰局。

　　傳統漢餅的做法大抵分為油皮、酥皮和清皮三種做法。油皮又稱「油酥皮」，就是一層油皮、一層油酥，約疊個

兩、三層，因為是皮包油，所以在烤箱裡油遇熱即能將麵皮撐開變成鬆軟的皮層，倍增口感上的複雜層次。

傳統漢餅要好吃，大抵不出皮薄、酥香和餡巧的三大原則。我神農嚐百草，將店家的各式產品買過一輪後，認為這漢餅的適度創新也頗有新意，於是選出其中四種手繪了出來，在我畫裡左下角那個白色「芋泥麻糬」的皮面就是傳統的油皮，在手繪時，我特別注意到要有斷開的表層，試圖表現糕餅師傅說的「翻毛」，像被風拂起有如羽毛般的餅皮。

油皮也不見得要翻毛，翻毛的缺點是咬起來麵皮颮颮飛，掉得滿地都是。手繪圖中的左上角「堅果酥餅」就是創新的油皮做法，將油與麵皮糅合一起，凝成一個堅實的形

「芋泥麻糬」的皮面是傳統的油皮。

「堅果酥餅」的餅皮是創新的油皮做法。

森林莓果，表層酥皮的創新做法。

印模。

用手機拍得影片來分享：

台南中西區民族路二段268號
電話：06-2211199
營業時間：週一至週日10:00-22:00

狀，包以腰果、核桃、瓜子仁、冬瓜條和黑芝麻等，入口有如奏起口味的交響曲，食後令人不禁要引吭高歌。

右下角為「南瓜酥餅」，亦屬油皮做法，但過去油皮率皆以豬油為之，現代人講究養生，這豬油乃為西點中的乳酪所取代，內餡則為南瓜仁、豆沙、起司夾心等，也就是將西點中的餡料屬入漢餅中來變換口味了。

酥皮又稱「糕漿皮」，大部份是將油和麵粉依一定比例混合後固定其形，傳統上也是多加豬油，現代人不愛吃，因此以奶油替代，咀嚼起來比較酥軟。

右上角「森林莓果」屬於酥皮的一種，而內餡計有腰果、覆盆子、草莓、青堤子、葡萄乾等，食素者亦可俱歡顏。

清皮，或稱清仔皮，台灣北部呼之為「和生皮」，大部份是用來製作月餅或喜餅，「赤崁沆餅」平素備有印模，必須訂購才會製作。

西點和漢餅的戰爭，總體來說，前者略佔優勢，但做漢餅的也不服輸，試圖「西學為用」再從傳統精髓裡變出新花樣來。本來這場新棋局，君子觀棋不語，我發現，觀棋不語並不全是君子，也有看不懂人家在玩什麼碗糕如我者是也，於是激起我研究漢餅的興趣，為文寫下這篇文章，算是我的初步研究心得吧！

輯Ⅱ—④

「飯桌菜」是府城專有名詞，
絕對不是自助餐

福泰飯桌菜

一大清早到「福泰」來點碗肉燥飯，

一份魚丸湯或冬粉湯，

再來一客當日嚴選的生鮮海魚是幸福生活的開始……。

福泰飯桌菜的肉燥飯。

福泰飯桌菜的肉羹湯。

福泰飯桌菜的冬粉湯。

福泰飯桌菜的筍絲。

說「飯桌菜」就是自助餐，對老台南人來說，這是牛頭不對馬嘴的。就好像把台南的「香腸熟肉」說成就是台北的「黑白切」，此真乃是「君處北海，寡人處南海，惟是風馬牛不相及也！」

一般所謂的「黑白切」固然也備有各式美味配料，然率皆中央廚房出品，看不出老闆備料的手藝；台南的「香腸熟肉」舉凡蝦捲、蟳丸、三色蛋、大腸、香腸、粉腸、豬肺、魚肚、魚蛋、軟絲……乃至於椪豆湯、骨肉湯等等，一概由老闆事先親手調理，絕不假手他人，一大早就得張羅齊全，一點也馬虎不得，開始營業後，更得上陣應付眾口難調的客人，生意好的，一把小刀切將起來，剁剁剁的繁音促節，有如倍道兼行的急行軍，這等功夫絕非楞手楞腳者所能為之。

自助餐既名「自助」就是一盤盤擺在那裡，愛吃什麼，自己夾去配；「飯桌菜」則一定要有老闆親自坐鎮，兵來將擋，調度有方，必也當場滿足所有顧客爺們的需求，現點現做，這才成其為「飯桌菜」。

因此飯桌菜很難比擬成台北大都會的飲食形式，勉強為之，便是大飯店裡的Buffet，但限定是那些有大廚親自料理的部份，只是這也算牽強附會，甚至有點不倫不類罷了。

一大清早到「福泰」來點碗肉燥飯，一份魚丸湯或冬粉湯，再來一客當日嚴選的生鮮海魚是幸福生活的開始。

肉燥飯是我至今吃過最香甜者之一，遵古法製作，精選學甲一帶的蔥乾爆香，仔細將肉瓢切丁，選取純黑豆醬油熬煮，食來齒頰留香，精力十足；配湯的餡料，如魚丸、蝦仁、沾粉的肉片等都是手工製成，保證生鮮；鹽蒸魚頭、魚肚等海味是基本，生鮮海魚則視當日漁獲，如有一回，我就

吃到了別名「變身苦」的「黑皮」，這種魚捕捉不易，不幸遭魚鰭毒液刺破皮膚，會當場呼爹喊娘，但肉質鮮美，對我來說，真是人間珍饈。

　　老闆和我熟識，三不五時便會在忙碌之計，抽空指點我今天該嚐些什麼鮮味，也會聊上兩句台南小食的種種知識，這哪是去自助餐廳的氛圍？所以諸如「飯桌菜」、「香腸熟肉」等皆是府城專有名詞，萬不可以鄭聲亂雅樂也。

用手機拍得影片來分享：

台南市中西區民族路
二段240號
電話：06-2286833
服務時間：08:00~14:00
每週一公休

就把古早味的零食技藝，
看做是街頭表演吧！

古早味椪糖

相信許多我這年紀的人都有對「椪糖」的相似記憶，
只消用黑糖、紅糖等放在杓子裡，伸到炭火上煮，加點小蘇打，
技術好的，煮起來就會膨脹成一個好大的圓餅，
像我笨手笨腳的，老是不會「發爐」，煮後總被同伴們嘲笑：一坨像個雞屎膏……。

零食，我不愛吃；甜食，更是敬謝不敏。不是為了減肥，而是小時候實在沒有足夠的零錢，吃不起，所以就乾脆不食，養成習慣罷了。

但是台南有許多零食，古早味的，我卻偶爾會買來吃，不是為了味道買的，而是為了製程和幼時的記憶。

椪糖在台南的赤崁樓前、祀典武廟前等觀光景點都有人在做，抓住觀光人潮的心態，一粒賣得不便宜，只嚐味道得付出較高的代價。有趣的是，我在用手機拍攝影片時，問東問西的，老闆居然嗆我說：「你一定不是台南人，所以不知道椪糖！」哈哈，我這都年過半百，哪裡會沒吃過椪糖，這是台灣人共同的成長過程，但在拍攝時，一定要引導受訪者從他們的口中說出來，否則豈不成了我個人獨斷的解釋。

相信許多我這年紀的人都有對「椪糖」的相似記憶，只消用黑糖、紅糖等放在杓子裡，伸到炭火上煮，加點小蘇打，技術好的，煮起來就會膨脹成一個好大的圓餅，像我笨手笨腳的，老是不會「發爐」，煮後總被同伴們嘲笑：一坨像個雞屎膏。

　　吃椪糖大抵都是在歌仔戲或布袋戲開演時戲台腳不遠處，就跟現在看電影嗑爆米花是一樣的幸福，當然從前電影不普遍，不過我小時候的家，後巷也有家電影院，自也就有人賣椪糖了。

　　「椪」字在台語裡的運用很多，椪糖之外，椪餅、椪柑、椪豆仔黃豆）、椪皮、椪風、椪鼠（松鼠）、綠豆椪，乃至於罵人：「椪肚短命」！我聽說都是用這個「椪」，有膨脹的意思，兩個軟物相擊為「椪」，和硬「碰」硬不同。

　　至於打麻將出聲喊「椪」，文字作「椪」或者「碰」字解？我不是台語專家，以上都請您找專家深究去，我只是隻「椪風龜」罷了。

　　愛吃零食者，不是容易發胖就是會蛀牙，可怪的是台南的零食保有古早味做法者存留下來的還是很多，到底都是誰在吃呢？序大濟歲，不早已屆耄耋之齡牙齒掉光了，難道還是堅持要吃零嘴？依我看，買者多數跟我一樣的動機，當是以重拾兒時回憶為目的，製作者，倒成了不必考照的民俗技藝街頭表演者了。

用手機拍得影片來分享：

台南市中西區武廟旁

仗義半從屠狗輩，負心多是讀書人
落成米糕店

在地的台南人都知道「落成米糕」是完全遵從古法製作的。
米粒要選倉儲一年以上的「尖糯仔」（陳年長糯米），
蒸好的米糕得放在「茭苴」裡，
以鏤空透氣能排水煙，又得用木製蓋子重壓封口，緊防熱氣散開，
古早人說「籠床（蒸籠）蓋坎無密」，歇後語「漏氣」就是這個意思……。

　　仗義半從屠狗輩，負心多是讀書人。漢朝劉邦起兵打天下前，經常和販夫走卒來往，其中樊噲是在市場殺狗的，其為人很是講義氣，後來楚漢相爭，劉邦便是靠這位屠狗輩的情義相挺而取得天下的。

　　現在的「台南車站」（台南沒有「火」車站，「車站」是日語），這棟兼採現代主義又不捨古典細部藝術語彙的經典折衷主義式建築，落成於一九三六年的三月十五日，那天就是曾朝枝出生的一年，所以將店名取為「落成米糕」。

　　曾朝枝，和他熟識的人都親切的呼他為「米糕伯」，我第一回來到他的店就被牆上的景象所震撼，一面台灣獨立菊花旗高掛店裡，也不怕政治立場不同者拂袖而去，不過台灣人有句話說：「九頓米糕無上算，一頓冷糜扙起來囥（khng3）。」米糕真的美味，暫且放下政治，先嚐再說，可別那麼計較藍綠嘛。

　　在地的台南人都知道「落成米糕」是完全遵從古法製作的。米粒要選倉儲一年以上的「尖糯仔」（陳年長糯米），蒸好的米糕得放在「茭苴」裡，以鏤空透氣能排水煙，又得

用木製蓋子重壓封口，緊防熱氣散開，古早人說「籠床（蒸籠）蓋坎無密」，歇後語「漏氣」就是這個意思。

「茭苴」者，「苴」字台語唸成「tsu」（近「珠」）音，是「墊子」的意思，如尿布，台語用的就是「屎苴啊」；茭指的是藺草（台語稱「鹹草」），「茭芷」是草編的袋子，乃台灣先民常用的揹袋，有句話說：「嫁雞隨雞飛，嫁狗隨狗走，嫁乞食揹茭芷斗。」既做了乞丐婆子就得幫老公背那個乞討的草袋子了。

米糕表面要淋上肉燥，還得均勻掩上一層厚厚的「旗魚拊（酥）」，這魚拊的色澤要呈金光閃閃狀，不可焦黑，焦黑者就是原料不純，摻進某種粉物混水摸魚；肉燥不再以槽頭肉為主，也加入若干精肉以符合現代人的口味。

三不五時米糕伯也會放著生意去參加政治抗議活動。有

一回，居然被檢察官政治迫害要逕行聲押！這可急壞了米糕伯的粉絲們，急急如律令，在網路上急呼朋引伴前來解救，否則以後就沒有這美味的米糕吃了，果然仗義半從屠狗輩，各方響應，但米糕伯也實在年紀大了，終於被放了出來，要不然「呷飯皇帝大」害我等沒米糕享用，就圍你地檢署去也！

米糕伯年輕時賣過麻油雞、炒鱔魚等，最後做起泡發活魷魚，大受歡迎，進而專賣起米糕來，一九六八年在民族路夜市設攤，相輔相成，乃名聲大噪，「米糕伯」的封號形同榮譽勳章，不過近年來健康大不如前，逐漸交由第二代經營，又時局發展，結果真是「負心多是讀書人」，那些西裝革履的政客們表現，多數令人扼腕，米糕伯最後居然連旗子也收了起來，不再過問俗事。

要吃個八分飽，來碗米糕配四臣湯，一顆滷透心的鴨蛋，兩人同行，再加一盤活魷魚，那就很幸福美滿了，只是米糕伯從前要遇上我前來光顧，都會談笑風生一番，食米糕之外，也常放聲「弄幹斥」當前政局，一副旁若無人樣，這也真是不亦快哉！

用手機拍得影片來分享：

台南市中西區民族路
二段241號
電話：06-2280874
營業時間：週一至週日
10:30-20:30

一次把米糕說清楚／魚夫自由行廣播

在這一集裡，深入討論了米糕的來源為何？許多記載所本，乃將米糕和油飯牽托在一起，實則台中的米糕由木工王塔為維持家計而創作的料理；台南米糕才和油飯有若干淵源。

米糕是台灣的庶民食物，因此也發展出許多常民俗諺，諸如：「米糕凊」、「九頓米糕無上算，一頓冷糜拈起來囥（khng3）」等，從米糕裡深入先民的生活，才能理解台灣的飲食文化。

播出時間：20131110　週日晚上9:00　自由之聲廣播電台，魚夫自由行。可掃QR code收聽。

古董山人說晚明：
台南的美食老街區永樂市場
從杜馬青草茶說起

日治時期永樂市場位於永樂町一帶，原屬往昔五條港中最大港道
「佛頭港」的範圍，五條港就是當年台南重要的水路運輸渠道，
所以是南北貨輸入、米糧輸出的主要港道，
自然從前就店家林立、鬧熱滾滾，世代傳襲至今是府城的重要美食老街區……。

　　台南「永樂市場」及一旁的國華街是在地最古老的美食
街區之一，清晨踩上鐵馬，我總喜歡逛到這條街上覓食，人
們在這裡一大早就開始工作，凌晨三、四點就得準備一天的
食材供應饕客，這裡可以挑選的美味店家形形色色，諸如：
碗粿、割包、土魠魚羹、蚵仔煎、牛肉湯、米糕、豆花、虱
目魚粥、素食等等應有盡有，而我經常在吃完美味的早餐
後，停留在街口的「杜馬青草茶店」牛飲一杯，和店家聊上
兩句，聽「白頭宮女話天寶，古董山人說晚明」一番，然後
風乎舞雩，詠而歸。

　　日治時期永樂市場位於永樂町一帶，原屬往昔五條港中
最大港道「佛頭港」的範圍，五條港就是當年台南重要的水
路運輸渠道，所以是南北貨輸入、米糧輸出的主要港道，自
然從前就店家林立、鬧熱滾滾，世代傳襲至今是府城的重要
美食老街區。

　　不過興建成現在的「永樂市場」則是在台灣實施地方自
治後，由第四屆的辛文炳市長建成：

　　在謝國興著《府城紳士：辛文炳和他的志業》一書裡提

杜馬青草茶位於永樂市場的彎角最顯眼的所在。

到：

　　永樂市場原為防空用地，民國四十五年徵為市場用地，但一直未興建市場，倒是攤販雲集，以舊衣物的買賣為著，故俗稱「賊仔市」。民國五十一年四月一場大火燒盡攤棚，市政府趁機興建永樂市場，耗資九百一十七萬元，分南北兩棟，二層樓建築，為光復後迄當時所建最大的公有零售市場。

　　這辛文炳蓋好「永樂市場」後，雖然景象為之一新，但有些攤家並不領情，人們還是偏好一樓的店面，二樓反倒後來成為住家或者貨物囤積之所，且有選舉就有恩怨，被辛文

炳打敗的葉廷珪就拿所謂「永樂市場弊案」與他周旋，地方派系恩怨，搞得市政烏煙瘴氣。

我搬來台南後深感古都鮮少天災，颱風總是繞道離開，但人禍不免，市長選錯人，貪婪者就和財團合作大肆拆毀古蹟，或者私心規畫所謂的新商場，諸如「小北街」、「中國城」以及海安路的地下街商場等，弄到最後無法收拾，當選過關，落選被關，咱們小市民不想管政治，政治卻會來管你。

永樂市場賣青草茶的，大抵都姓杜，創始人杜馬有一身捉蟾蜍的絕活，抓來剝皮汲取黏液，據說對治帶狀皰疹（俗稱皮蛇）頗有療效，從此就以蟾蜍為店招，其後由女兒杜明月接手，現已傳至第三代。

杜馬家的青草茶配方，我和老闆混熟了得其秘笈，原來內含珠仔草、年仔草、尾草、火路草、卜（薄）荷、黃花蜜草、白鶴靈芝等煶

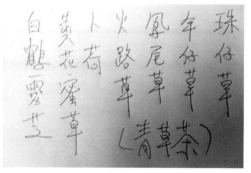

杜馬青草茶配方。

個三小時以上，老實講配方我也看得霧煞煞，只是在台南可以獲得免去喝便利商店化學調製罐裝飲料的自由，食安問題這個政府總是管不好，人民順口溜說：花生油沒有花生、胡麻油沒有胡麻，企業良心沒有良心……總之，這一路大啖美食下來，杜馬這一站，來杯當日現做的青草茶真是叫人心涼脾肚開，然後又騎著我的鐵馬悠悠然迺街去也。

用手機拍了影像回來分享：

台南市國華街三段183號
電話：06-2258349
營業時間：09:00-22:00

說台灣春捲

台南金得春捲

全世界的春捲最好吃的在台灣，這個緣故是因為本地的食材好。我常說，台灣人身在福中不知福，平平是春捲，中國的口味和台灣不能比，做法上雖然大同小異，但差別在台灣是「寶島」，從麵粉、肉品到菜蔬，樣樣可口，這才形成一條「食材鏈」而產生「群聚效應」的佳餚效果來。

台灣春捲的做法也有南北差異，大致上是北以濕、熱為主，如包菜脯、豆芽、紅燒肉等；南部則偏乾料，加肉片也以乾炒為主……。

春捲，古時有稱「五辛盤」者，但古籍中比較常見的則是「春盤」，白居易〈元日對酒〉詩云：「歲盞後推藍尾酒，春盤先勸膠牙餳。」再如杜甫詩句：「春日春盤細生菜」，其中「春盤」指的就是春捲。

不過到了福建，又稱「春餅」，現在到廈門則呼「薄餅」，入台灣國境後在「金門」則有獨家的名字，稱之為「七餅」或「擦餅」；在台灣本島，漢文書寫為「春捲」，但台語叫：「潤餅kau4」。

春捲也有油炸者，是為「炸春」討喜，此為中華料理最能打進西洋世界的產品，許多中國餐廳必備的一道菜，英語普通呼為「spring roll」，光看字面，不知所云，老實說，我到英語世界去最討厭這一味，酸酸甜甜的，完全照顧洋人的胃口，雖不至於味如嚼蠟，但真不配取名為「春捲」。

不是以麵皮包裹食材便可名垂「春捲」之列，除了要求皮要薄可印字，內餡還得包含芹、韭、蔥、筍四樣基本元素，分別代表：勤勞（芹）、長久（韭）、聰明（蔥）和蓬勃（筍）的意義。

　　然而呷飯皇帝大，包個春捲誰管你典章制度？因地就
宜最實在，如越南春捲，製法和中國雷同，亦皮薄呈半透明
狀，不過是用稻米製皮，包肉餡後沾魚露等食之，甚是美
味，花樣也可以千嬌百媚，變出數十種來。

　　全世界的春捲最好吃的在台灣，這個緣故是因為本地的
食材好。我常說，台灣人身在福中不知福，平平是春捲，中
國的口味和台灣不能比，做法上雖然大同小異，但差別在台
灣是「寶島」，從麵粉、肉品到菜蔬，樣樣可口，這才形成
一條「食材鏈」而產生「群聚效應」的佳餚效果來。

台灣春捲的做法也有南北差異，大致上是北以濕、熱為主，如包菜脯、豆芽、紅燒肉等；南部則偏乾料，加肉片也以乾炒為主。

最好吃的春捲在台灣，the best of best則在我家，有著獨門口味的媽媽愛心，是別家學不來的。小時候，約在立春之後，清明之前，母親就會去買麵皮回來做春捲，內容計有：高麗菜、豆干絲、雞蛋絲、芹菜珠、紅菜頭絲、蔥仔炒肉絲或大蒜炒肉絲、花生糖粉、香菜，偶有香腸、馬鈴薯絲等，是正宗的南部包法。

台南望族辛家的後代辛永清女士在她的《府城的美味時光：台南安閑園的飯桌》中譯本裡提及台南到了農曆三月三日要吃「春餅」或「潤餅」，寫出了早期台南潤餅的內容：

「台灣的潤餅以配料種類繁多為豪，每戶人家，每個地方都有各自的特色，品嚐別家的潤餅也是一樂。我家一定會準備：酒蒸蝦仁、淡味烤豬肉、烏魚子、蛋絲、炒豆乾（將豆腐緊緊壓縮而成的豆製品），炒豆芽、筍子、炒豆腐、炒蛋，還有加點鹽，將豌豆莢、胡蘿蔔、香菇、芹菜一起炒的炒青菜。在盤子上將薄薄的春捲板攤開，塗上甜味噌醬或花生粉。選擇味噌醬時，先擺上提味的蔥絲，然後再選擇喜歡的配料，包什麼、包多少隨各人喜好，但其中一定要加一片烏魚子，這正是台灣風味的秘訣所在，捲起來在春捲皮末端抹上一點豆腐乳來黏合，便能包得乾淨漂亮，吃起來又方便。」

哇，果然是名門春捲，如此豐盛，光看文字，就足以令人垂涎三尺！

現在台南吃潤餅已與節氣無關。永樂市場旁有家「金得春捲」，傳承六十年以上了，天天大排長龍，我仔細觀察

了內餡，算來大概有香菜、花生糖粉、皇帝豆、豆干、高麗菜、蒜泥、蛋絲、蝦仁、肉片等，其中以包入皇帝豆最具故事性。

其實皇帝豆在台灣各處均有零星培養，但以台南、高雄、屏東、花蓮等為最多，產期在十一月到五月間，每年一至三月是盛產期，這就和吃春捲的時節很相符，也有多種名稱，如：萊豆、觀音豆、大粒萊豆、大萊豆、白扁豆、雪豆、香豆、帛豆、細綿豆、棉豆、荷包豆等，至於為何台南稱為「皇帝豆」？

連橫《雅言》裡說臺南有「皇帝豆」，因為「嗣王經嗜此，因以為名。按鄭氏居臺，保持正朔，未嘗帝制自為；或因肇造東都，便宜封拜，為其代行天子之事而附會歟？或曰：豆本名『黃筴』，呼音訛為『皇帝』；猶『承天府』之為『神仙府』也。豆筴長三、四寸，仁扁而大，皮有紅紋；作饌極美。冬、春盛出，他處未見。」

吃春捲是因「寒食節」而來，相傳是晉文公紀念介之推所定，後衍化為清明節云云，總之，含有紀念、追思的意義在，所以台南的春捲內餡多這味皇帝豆，就是鄭成功為了紀念明朝皇帝的「規定」，所以就流傳下來了。

台南許多飲食文化都會牽托到鄭氏王朝時期去，真相如何？在我看來，只消有利於建立文化論述的主體性，都是好故事。

拍下「金得春捲」的影片來分享，記錄我這個時代的故事和大家分享：

台南市中西區民族路三段19號

電話：06-2285397

營業時間：07:30-17:30

美味裡的甘草：台南肉燥頌

石春臼蚵仔煎

台南美食幾無一道不用肉燥來開光點眼者。
吃肉燥飯不用說了，
米糕、意麵、擔仔麵、外省麵、肉粽、碗粿、芋粿、虱目魚肚、
連燙青菜也得淋上肉燥才端得出枱面，
肉燥做得不好，那就甭出來混了……。

「吃蚵仔煎是吃蚵仔，不是吃蛋、吃麵粉，所以一定要摻肉燥，才能鎮得住腥味。」「石精（春）臼蚵仔煎」的老闆用指尖捏了一小撮肉燥後，告訴我為什麼他的蚵仔煎獨一無二的要放肉燥？

肉燥之為用大矣哉！在台南，肉燥有如漢藥中之「甘草」，西藥裡的維他命，所謂「十方九草」，少了肉燥這一味，台南小吃頌之，便像小提琴協作曲而小提琴家缺席。

台南美食幾無一道不用肉燥來開光點眼者。吃肉燥飯不用說了，米糕、意麵、擔仔麵、外省麵、肉粽、碗粿、芋粿、虱目魚肚、連燙青菜也得淋上肉燥才端得出檯面，肉燥做得不好，那就甭出來混了。

肉燥在台北呼之為「滷肉」或「魯肉」。台北工商社會用詞很隨便，「滷」豈可手民誤植為火星文「魯」？魯肉者，山東豬肉乎？然中國大陸有道山西「臊子麵」即是以肉燥為底，而台北也居然有作「哨子麵」者，應該抓來罰他吹哨子一百遍。

好事者有謂肉燥之「道統」，溯自堯舜禹湯文武周公乃

台南度小月擔仔麵百年老鍋鎮店之寶。

至於孔子。《周禮》「八珍」便有類似的肉燥做法記載，乃皇室御廚的重要料理，名之曰：「淳熬」。其後更有北魏·賈思《齊民要術》、清·袁枚《隨園食單》、《調鼎集》等都提到肉燥的製法。

不過就一味肉燥，而如此大費周章引經據典，也想必是吃飽太閒了！說肉燥，能吃出一些心得與人分享詠頌之，那就夠了。

台南「度小月擔仔麵」的鎮店之寶是一鼎百年滷肉鍋，鍋沿之上高高隆起滷肉後留下的油膠，有如煉丹般日夜煨燒，方能製成陳年佳釀的肉燥味來，整碗擔仔麵的精髓就在肉燥與湯頭，馬虎不得，蓋差之毫釐，失之千里也！

「福生小食店」的肉燥飯，大鍋鏟煸肉燥，不只放入醬

我一直想畫出那碗香菇飯湯，終於畫出來了。

現在鮮見的蚵仔煎摻肉燥。

油裡熬煮，還加入甘草枝調味，再兜到瓦甕中陳釀，香氣襲人，淋上白飯，胃口全開。

「許家芋粿」三寶，曰：芋粿、肉圓和香菇肉羹，而肉燥之為用在許家的美食裡乃提味的主神，除了引出芋香，搭配精肉、蝦仁做成肉圓等之外，再將肉燥汁屬以特釀醬油搭配，淋上芋粿、肉圓，食之滿嘴生香，回味無窮。

虱目魚肚，滋肥誘人，必也以精燉肉燥去其腥羶，「阿憨鹹粥」且研發一味「魚燥飯」，精選其中「兩兩肉」（每尾才有兩個一兩重的部位），以純黑豆醬油、香菇、紅蔥頭釀製而成的魚肉肉燥，和一般用糟頭肉做的豬肉肉燥不同，膽固醇少，去油脂，味甜下飯，不易發胖。

其實在食物裡加入肉燥，最具「醍醐灌頂」之功效，很像針灸裡的「啊是穴」，刺中了要害：啊，就是這種感覺！義大利的麵條裡，也會加入肉醬，希臘茄子焗羊肉、泰國人的所謂「打拋」、乃至於英國之「農舍派」（Cottage Pie）也都會運用肉醬來料理，東西料理不同，但殊途同歸，道理是相通的。

從前在安平，養殖蚵仔用「竹插法」即有收穫，拔出時有如串串堆疊的果實，燒烤即可食用，所以賣起蚵仔煎，滿盤皆是；今人吃蚵仔煎，蚵粒三、兩顆而番薯粉一大坨，加打個蛋進去，蚵仔味盡失，自然無須肉燥壓陣了。

這永樂市場的「石舂臼蚵仔煎」，常是我的「下午茶」，除摻肉燥的古早味蚵仔煎外，尚有一味「香菇飯湯」，原和「鮑魚粥」並列府城早餐對寶，但後者成本高，現在只剩「香菇飯湯」的手藝留了下來，而獨門肉燥仍不可少，我則經常邊吃和邊和老師仔閒聊，這竟也能寫出一篇肉燥的短文來分享，不亦樂乎！

用手機拍得影片分享：

台灣台南市中西區國華街三段182號

電話：06-2235679

營業時間：07：30-19：30

台南美食的良性競爭

「富盛號」碗粿分家，
多了一家「一味品」！

台南有家頂港有出名，下港有名聲的碗粿攤，
每逢周末假期，人龍排得落落長，宛似古代的員外開倉佈施、呷免錢的一般，
這家就是赫赫有名的「富盛號」……。

如若您還不知「富盛號」如雷貫耳的名號，那麼二〇〇四年的「三一九槍擊案」，時任總統的陳水扁和副總統呂秀蓮在掃街拜票時於台南遇刺，當時站在正副總統身旁的侍衛長就在槍擊前用手機打了通電話，這一幕，經過電視上那些說話不負責任的名嘴們的解讀，推定是侍衛長是要連絡其實是阿扁安排的槍手趕快來演出槍擊案。名嘴造謠，活靈活現，一時間，舉國譁然，國家動盪不安。

事隔一年後，通聯記錄終於查清楚了！原來電話是打給「富盛號」要叫碗粿給阿扁吃，真相終於水落石出，可是那些說得天花亂墜的名嘴們依然在電視上大放厥詞，並沒有人被檢驗曾經白賊，欺瞞國人。

台南「永樂市場」旁的國華街是條美食老街，富盛號就位於街口，是外地觀光客的最愛，交關的人多了，後頭廚房裡的電風扇就多了好幾支，要強力吹涼碗粿才能呈現香Q的口感；由於迴旋空間有限，所以大部份只能外帶，無法內用，外帶且規定要買兩份以上，後來實在是生意沖沖滾，忙不過來，居然連魚羹也暫停供應了。

其實在台南住久了，漸漸的就明白美食的背後都有家族的脈絡，如賣虱目魚丸的大都是姓劉的家族、土魠魚羹是姓鄭的居多、炒鱔魚姓廖、芋粿姓許等等，由某位族長開啟了某種美食的烹調料理之道，然後枝葉代代淜開來，不管當初分家的原因如何，最後結果大都是能讓更多人來享用家傳的美味。

「一味品」則是從「富盛號」分支出來的，就在老店的斜對面，我經常一大早騎著腳踏車到國華街去享用各式美味的早餐，得以見證一場良性的競爭。

分家後的一味品，由於廚房場地較為寬敞明亮，看來衛

生乾淨許多，並加入了「史偉莎」（Swisher）的定期消毒病媒防治服務，給人耳目一新的感覺，且又賣起了魚羹，吃碗粿配魚羹本來就是傳統的搭配，缺一不可。

　　有趣的是分家後「富盛號」也暫停營業數天重新整理，招牌更改設計，店內經過重新清理裝潢後，外貌煥然一新，呈現典雅專業的模樣；另外也在民族路上新闢寬闊的店面，讓消費者可以在舒適的環境下用餐，最後，當然又開始賣起魚羹了。

　　附近的店家眼看這兩家的競爭，都稱許這是良性的開始，雙方都爭取出新的客源來，成就雙贏的局面。我現在路過國華街反而暗爽不用排隊苦候了，不管是「富盛號」或「一味品」，師出同門，味道差不多，而我則不必再排隊久候，多了個選擇呢！

一味品碗粿。

碗粿用叉子。

碗粿用的叉子。

用手機拍了影片分享：

台南市中西區國華街三段
177號
電話：06-2288563
營業時間：7:00 - 17:00

薁蕘吃過嗎？

這一味也只有台灣才有！

現在年過半百，多少長了些知識，
原來「òr-giôr」正確漢字寫法應為「薁蕘」，
但筆劃實在太多，在連戰他阿公連橫時代，
就書寫成「愛玉」……。

　　由於成長於屏東鄉下，我少不更事，井底之蛙，有回到大都市裡，見有賣「愛玉」冰者，不知其為何物，嚐過後方知是乃家鄉所謂「òr-giôr」，但不知原來寫成「愛玉」通行全台。幼時在南部吃到「愛玉」，率皆為家母或親友手工製作，非市面所販售。一般是將採收後的愛玉瘦果曝乾，取其草籽，裝入搓袋中，再放進相對比例的開水裡以雙手搓揉約數分鐘，使釋出膠質，於是水色漸成米黃，最終將水安置放穩，於結凍前絕不可碰撞破壞其形，需時約三十分鐘到一個鐘頭，視份量而定。

　　由於手續並不繁瑣，我小時最愛幫忙這種家事，因為等會就有心涼脾肚開的「òr-giôr」可吃了；製好的愛玉凍，放久只會消水緊縮，其形仍團結一致，凝若膠狀。

　　晛在年過半百，多少長了些知識，原來「òr-giôr」正確漢字寫法應為「薁蕘」，但筆劃實在太多，在連戰他阿公連橫時代，就書寫成「愛玉」，《台灣通史》·〈農業志〉就有記載：

　　愛玉子：產於嘉義山中。舊志未記載其名，道光初，有

同安人某居於郡治之媽祖樓街
每往來嘉義，採辦土宜。一
日，過後大埔，天熱渴甚，溪
飲，見水面成凍，掬而飲之，
涼沁心脾，自念此間暑，何

得有冰？細視水上，樹子錯落，揉之有漿，以為此物化也。
拾而歸家，以水洗之，頃刻成凍，和以糖，風味殊佳，或合
以兒茶少許，則色如瑪瑙。某有女曰愛玉，年十五，楚楚可

人，長日無事，出凍以賣，飲者甘之，遂呼為愛玉凍。自是傳遍市上，採者日多，配售閩、粵。按愛玉子，即薜荔，性清涼，可解暑。

然而連橫的說法裡，謂某有女名為「愛玉」，出凍以賣，飲者甘之，遂呼為「愛玉凍」云云，依我看是畫虎卵的路透社消息，或有稱那同安人發掘出這味後，介紹于友人，友人直問其名，同安人說：「唉喲，就是好吃啦！」因此以「唉喲」訛音為「愛玉」，更是騙三歲小孩，豈有此理。

托網路發達之賜，《維基百科》直接點出：「愛玉子（學名：Ficus pumila var. awkeotsang）又稱為愛玉、玉枳、枳仔、草枳仔、澳澆、愛玉欉（以閩南語拉丁化，即為學名來源awkeotsang）。」

但也有人反對和日本人的發現有關，因此還有一說是乃失傳平埔族的語言而來。朋友則說，就不過是吃一碗愛玉罷了，你就囉哩囉嗦的講不停，豈不是自找麻煩？

予豈好辯哉，予不得已也！愛玉這一味只有台灣有，也唯台灣人才知道搓揉出果凍做成夏日聖品之道，其他國家偶有雷同，那可能就是化學仿製品了，所以最後找到教育部《台灣閩南語常用辭典》，得到「薁蕘」兩字，且各地發音不一，表列如右圖：

可見薁蕘早已風行全台，其中不稱薁蕘者，如台南呼為「子仔」，新竹叫「偏拋」，最為奇特，原因為何？吃您的愛玉吧，我也丈二金剛，摸不著頭腦也。

一樣食材，從「òr-giôr」到愛玉、薁蕘，然後又變成「子仔」，正好是我從年幼、青春、壯年到年過半百的人生歷程。住到台南後，朋友說起府城「子仔」是如何以阿里山品種製成，起初言者諄諄，聽者藐藐，我根本不知道原來說的

是「愛玉」，總算搞清楚了，才明白原來強調的是大凡諸如愛玉、粉圓、杏仁、粉粿等，都容易在商品市場裡被羼入鮮為人知的添加物，台南這一味則首重天然。

宮後街口這家賣子仔的就是強調天然食材，我來交關過一段時間後，老闆還拿出洗過後的殘渣兩大球「驗明正身」，從前還有攤家會將此物擺在擔頭，大概功效可抵無毒澱粉證明吧？有趣的是，由一味愛玉引出我一番考證來，實則非為了成就什麼名山大業，只是綠樹蔭濃夏日長，引出個話題來閒磕牙罷了。

華語詞目	愛玉	
鹿港偏泉腔	薁蕘	ò-giô
三峽偏泉腔	薁蕘	ò-giô
臺北偏泉腔	薁蕘	ò-giô
宜蘭偏漳腔	薁蕘	ò-giô
臺南混合腔	子仔	tsí-á
高雄混合腔	薁蕘	òr-giôr
金門偏泉腔	薁蕘	ò-giô
馬公偏泉腔	薁蕘	ò-giô
新竹偏泉腔	薁蕘	ò-giô, 偏拋 phian-phau
臺中偏漳腔	薁蕘	ò-giô

資料來源：教育部《台灣閩南語常用辭詞典》。

用手機拍下子仔來分享：

台南市中西區宮後街1號
巷子口
營業時間：7:00-賣完為止
該店家無電話

如此調和鼎鼐，真乃廚神也！

恭仔意麵

台南在地的饕家大抵很少不知道「恭仔意麵」這一攤的。
現在攤前煮麵的是第二代的張榮輝，我習慣稱呼他「恭仔」，
實則其父第一代張明恭先生，十八歲就出來賣麵，
張榮輝因自幼跟在父親身旁忙進忙出，自然而然的繼承家業，
於是取父親的名字「恭」作為店號，所以恭仔並不是站在那裡撖麵的張榮輝……。

新美街一帶是台南舊時著名的米街，不過範圍大概是如今的成功到民族路之間的路段，當年米商盤踞，北方街頭連接「石舂臼」，所以不應寫成「石精臼」這種毫無意義的文字，本意是呼應米街，是搗米、碾米和製米工人聚集的地方。

米街往南的路段原名正義街，也逐漸聚集了許多美食小吃。但如今新美街南北延伸，恭仔也計入新美街之中了。

如果經常去位於「國立台灣文學館」後方的「葉石濤文學紀念館」，就有志工解說葉老筆下那些令人悠然神往的台南老街故事，且有專人導覽文章裡的足跡行腳，住在台南就是要發現特有的巷弄文化，才能愈住愈心適啊。

台南總是有著台灣重量級的文學家書寫膾炙人口的故事，逐漸形成令其他城市艷羨的軟實力，只是現在的新美街（米街）早已無復當年盛況，而恭仔意麵又可能是少數存活七十年以上的老店了。

恭仔的意麵口味比較軟Q，七十餘年來有無走味？了解張榮輝的個性，其實也就知道不會有什麼大變化，遵照傳統古法製作，自負他的煮麵功夫，經常怨嗟一身絕藝年輕人都

不來學，在我看來，只差沒說：「我國寶咧！」

　　別家用碗盛麵，恭仔卻捨碗而就盤子，這吃起來有點像
點心，不若正餐，但我也確實經常是夜宵去光顧，而如論美
饌，恭仔居然也能在攤子上賣起魚翅盅，為了這一味，有一
天忽然望見他剪了個幼兒栗子頭，留下前額一小撮髮毛，我
好奇這是什麼髮型？答曰：為了行銷魚翅才理成這樣的！

　　魚翅和意麵合著一起賣，環肥燕瘦固然美不勝收，可是
喜歡楊貴妃和趙飛燕者畢竟不同掛，且價差甚大，帶零錢可
以吃意麵，享魚翅恐怕要刷卡，然而恭仔就這樣從四、五年

恭仔的張榮輝留著一個栗子頭，說是為了賣魚翅。

前賣到現在，據說還頗受歡迎，能如此調和鼎鼐，真乃廚神也乎。

用手機錄影回來分享：

台南市中西區新美街32號
電話：06-2217506
營業時間：11:00-24:00

台南意麵一次說清楚／魚夫自由行廣播

在本集裡，徹底將台南意麵分為汕頭意麵、福州意麵、尹府麵以及台灣本地後來改良的製法，一併講清楚，有興趣的朋友，盍興乎來？
播出時間：20131124
晚間9:00 FM 95.1
自由之聲魚夫自由行
素稿請收看YouTube掃描QR code可收聽廣播。

細節決定風格，肉燥的古法秘訣

台南松竹當歸鴨

「松竹當歸鴨」傳承的家訓，據我所知，
就是得一絲不苟的照步來，家族亦以此為傲，
堅持細節才有風格，有風格才能做出市場區隔……。

　　「細節決定風格」，唯有注重每個細節，整體表現才會
呈現獨特的風格。這是一句老話了，真正能實踐而長久堅持
者，鮮之見也。

　　台南住久了，連吃一味肉燥也漸漸變成「歪嘴雞」了，
「松竹當歸鴨」的肉燥總是香氣四溢，令我胃口大開，後來
我仔細研究台南諸子百家肉燥秘法，初步得到大概的輪廓：

　　傳統肉燥的製法要選豬隻背脊的上等肉，取其帶皮及皮
下組織的部份，台語稱之為「肉瓤（nng5），音近似：能」，
且必得手工剁丁，因為機器會把肉塊搗得稀巴爛，這種肉燥
做出來的呼之為「肉皮燥」，而時下有些速食連鎖業的肉燥
飯卻標榜「槽頭肉」肉燥，取其油脂較少，但槽頭肉是指豬
頭與軀幹之間連接的部份，淋巴腺較多，一般被視為「垃圾
肉」，店家如此「坦白」，我才疏學淺，百思不得其解。

　　其次是蔥乾的選擇以台灣本產為首選，如是中國進口，
雖然價格較為便宜，但滋味一點也不甘甜；蔥乾要油炸前，
油鍋要燒至高溫，但過油即起，否則容易焦黑；炸過後的油
蔥要攤開舖平，然後將其中結成球狀者軋平。

　　有些肉燥爆香法，還特別加炒蒜頭，炒至「紅芽」狀起鍋，則香韻更佳。醬油亦得慎選，純黑豆釀製當然是最佳。

　　再來便是焙炒，經常一大鍋的炒得師傅滿頭大汗，炒過後要煸出豬油來，便是所謂的肉油，肉油要先留在鍋子裡冷卻，蒸發水氣，然後凝結成白色乳狀的「肉油」，這在台南是飯桌菜的最愛，用來炒菜尤其清香。

　　炒好的豬肉要進行第一道滷製的程序，放在小鍋子裡燒炭文火焙之，需時約兩、三個鐘頭，講究者還得淋上甘草熬出來的湯汁和大骨高湯，到了這個階段還不能食用，必得放入大水缸的甕中儲存兩天，使其完全吸收滷汁，方才舀出當日所需的份量，進行第二道滷製的程序才能淋上白飯上桌待

客。

　　初來台南，我乃「山豬沒吃過餿水」，不知肉燥的學問原來這麼大，細節這麼繁複，但正派的老店都很堅持。記得初次邂逅「松竹當歸鴨」，老闆就大談他的肉燥哲學，這可也真是著實的上了一課。

當歸鴨麵線，鴨要選熟鴨，肉質較Q。

　　老闆忽然還將粽葉包的米血提了出來，需要粽葉包裹是因為煠米血時竹葉芳香會沁入內餡裡，留存一股粽香，那可真是讓我大開眼界，原來台南還存在著如此古老的烹調方式，尤其是薪傳三代，始終如一，更有其他細節，諸如鴨肉要選熟鴨，鋪在麵條上的兩片佐味的薄肉一定要用胘心肉等。

　　「松竹當歸鴨」傳承的家訓，據我所知，就是得一絲不苟的照步來，家族亦以此為傲，堅持細節才有風格，有風格才能做出市場區隔。

用手機拍了影片來分享：

台南市中西區民生路一段
152號
電話：0925 321 596
營業時間：週一至週日
11:00-23:00
公休日：農曆初一、二、
十五、十六

徐行

城南、大南門

鬧中取靜，適合款款行慢慢走

台南的大南門是台灣現在僅存的古城門而具有完整甕城的古蹟，目前和另一日治時期古蹟「原台南放送局」一帶被規畫為「大南門公園」。

甕城的設計是一旦敵人破門而入，便如甕中提鱉般的在半圓形的範圍內予以殲滅，現在則是外包經營，變成露天咖啡廳，夜間則有各種音樂表演。

我偶而會來這裡閒逛，大榕樹的規模很是嚇人，城旁的鳳凰樹在花季來臨時和古城門相映成趣，日治時期引進的肯氏南洋杉高聳入雲，公園的範圍不大，也少了觀光客的喧嘩，是我的最愛之一。

大南門一帶是鬧中取靜的好所在，午後來南門城內的甕區喝杯下午甚是愜意；岳父大人尚在人世時最喜歡這一帶的一家咖啡廳，那是台南首家自行研發烘焙的咖啡店。此外，也有許多在地人才知的美食店家，我也一併畫成了一張款款行的私地圖和大家分享。

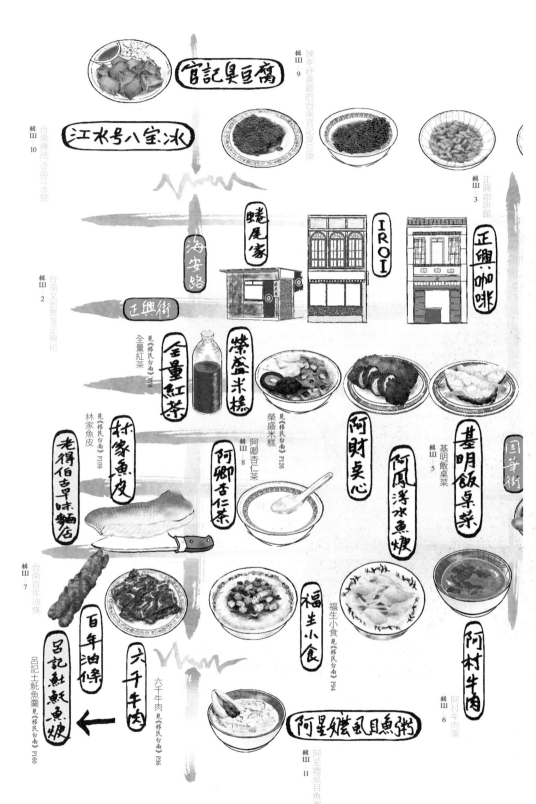

官記臭豆腐

輯山 ─ 9 陳寺好喜歡的台南官記臭豆腐

江水号八宝冰

輯山 ─ 10 台南傳統冰品江水號

輯山 ─ 3 正興咖啡館

蠣尾家

海安路

IROI

正興街

正興咖啡

全量紅茶 見《移民台南》P78

全量紅茶

榮盛米糕

輯山 ─ 2 台南文創據點正興街

榮盛米糕 見《移民台南》P126

輯山 ─ 8 阿卿杏仁茶

林家魚皮 見《移民台南》P109

林家魚皮

老得伯古早味麵店

阿卿杏仁茶

阿財焿心

阿鳳浮水魚焿

基明飯桌菜

輯山 ─ 5 基明飯桌菜

国華街

輯山 ─ 7 台南百年油條

百年油條

六千牛肉

福生小食

福生小食 見《移民台南》P94

阿村牛肉

輯山 ─ 6 阿村牛肉場

呂記土魠魚焿 見《移民台南》P160

呂記魠魚焿

六千牛肉 見《移民台南》P36

阿星孃乱目魚粥

輯山 ─ 11 阿星孃乱目魚粥

民生路

西門路

哈利速食
台南哈利速食店
輯Ⅲ—4

阿瑞意麵 見《移民台南》P104

老鄭菜粽
見《移民台南》P61

阿瑞意麵

老鄭菜粽

政大書城

富香火鍋 見《移民台南》P213

富香火鍋

中正路

度小月

友愛街

府前路

包成羊肉
見《移民台南》P59

包成羊肉

保安路

阿龍香腸熟肉 見《移民台南》P100

下大道青草茶 見《移民台南》P48

阿堂鹹粥 見《移民台南》P47

阿龍香腸熟肉

下大道青草茶

阿堂鹹粥

在地饕家美食私地圖

日治時期台灣人的傳統活動區域

說芋粿：許家芋粿三寶

芋粿、肉圓和香菇肉羹

對岸中國福州來的點心，
在台灣由第一代許炳煌於數十年前的「大菜市」（西門市場）
開始賣了起來……。

台南人有句話說：「呷芋，才會有好頭路。」當然，有無工作不必然和吃芋粿有關係，不過做芋粿，賣得嘎嘎叫，肯定是好頭路。

芋粿是對岸中國福州來的點心，在台灣由第一代許炳煌於數十年前的「大菜市」（西門市場）開始賣了起來，原來許炳煌三兄弟在大菜市場各自販賣麵食、肉粽及綠豆攤，後來許炳煌將家鄉口味研發出極具特色的芋粿來，又向友人習得肉圓的調製方法，傳到了第二代的許振榮，又再烹調出「香菇肉羹」，於是這三味成了現在「許家芋粿」的三寶，三樣都同一價錢，生意沖沖滾。

許家的肉圓和芋粿

中國福州人在運用芋仔頭製成食品上，看來經驗老到，芋粿、芋包、芋泥和著名小吃木金肉丸等，均是當地的創作。福州芋粿製法在《閩菜史談》一書裡有詳細的記載，正好拿來和台灣PK一下：

「芋粿是以秈米（魚夫註：台灣叫「在來米」）、白芋為主料，製作方法是：秈米浸泡透，磨成漿，加紫菜、蝦米、精鹽調勻；白芋去皮刨成絲，先放入蒸籠攤勻蒸十分鐘；倒

入米漿與芋絲攪勻再蒸十分鐘，米漿稍稠後略加熱水，邊沖邊攪至漿成稠糊，再蒸五分鐘，再攪勻攤平；大火蒸三小時熟透成坯，倒出晾涼後，切成直角三角形小塊，下鍋油炸而成。故又稱『烰粿』。」

　　我到「許家芋粿」去參觀製程後和福州比較，製程差不多，但關鍵在食材和配料，尤其是福州少了表面一層最重要的肉燥，肉燥之為用在許家的美食裡大矣哉，是提味的主神，除了引出芋香，搭配精肉、蝦仁做成肉圓等之外，用來特釀醬油，淋上芋粿、肉圓，風味絕佳。朋友來台南找我，正餐之外，我也會來這裡，點出三寶以饗來客，朋友吃過之後，都盛讚台南人真是幸福！

或許是太熟了，我都忘了介紹許家芋粿，這一天拿出手機，隨手拍了和大家分享，希望您會喜歡：

台灣台南市中西區國華街三段8號
電話：06-2288897
營業時間：週一至週五
09:00-23:00
公休日：週六、週日

從巷弄出發的文化創意

台南文創聚落正興街

我不是文史工作者，也不想用歷史研究的角度來看待巷弄，而是在巷弄裡尋找樂活的故事。正興街的著名景點，如西市場香蕉倉庫、西來庵、佳佳西市場旅店、淺草商場、波哥、阿婆魯麵、老水果店泰成、Lingo（リンゴ）素食料理、IORI、劉國滄的打開聯合設計工作室、豐發黑輪、傻發腸粉和黃金水餃等，既已列出名單，就是我要好好一一聆聽他們的故事的開始了……。

台南有一種很特別的「巷弄文化」，您要像我這樣騎著腳踏車到處穿梭才能細心體會，或者像我家婤某那樣成長於台南，在巷弄裡鑽東竄西的遊走，才能找到其中的樂趣。

大抵閩南式建築的布局為了防禦功能，巷弄較為密集狹窄，缺點是容易發生傳染病等，所以現在府城的大馬路多數是在日治時期毀城夷廓，市區改正而來，但仍保有部份當時的格局，這些巷弄裡的原有文化，很神奇的保留了下來，巷弄之中仍有居民活動，形成一種生動活躍的歷史場域。

這有點像日本的「橫丁」、「小路」、「通」之類的小巷，不過沒有那麼密集的商業活動，反而是零星的出現一些驚奇，有著一種挖到寶的喜悅。

巷弄文化逐漸受到地方政府的注意，加以整修，重現當年的風華，許多年輕人也返鄉，從這些巷弄裡尋求經營起文創商店出路，「正興街」就是其中的一條。

我不是文史工作者，也不想用歷史研究的角度來看待

巷弄，而是在巷弄裡尋找樂活的故事，正興街的著名景點，如西市場香蕉倉庫、西來庵、佳佳西市場旅店、淺草商場、波哥、阿婆魯麵、老水果店泰成、Lingo（リンゴ）素食料理、IORI、劉國滄的打開聯合設計工作室、豐發黑輪、傻發腸粉和黃金水餃等，既已列出名單，就是我要要好好一一聆聽他們的故事的開始了！

一家賣冰淇淋的可以大排長龍到令人咋舌的地步！

台南市中西區正興街

遺落的鳳凰城

正興咖啡館

「正興咖啡館」原本是一棟老房子，
由台南的一些文史工作者承租加以修復後經營成咖啡館和民宿，
很受文青的歡迎；房子正中紅檜木的門楣上書一「曾」字，
我有一回在這裡遇見了曾家的後代，他說這原本是一間「車寮」……。

「車寮」者，人力三輪車的停放間，相當於現在的計程車行，過年過節，三輪車伕休假返鄉，就將生財工具寄停在車寮裡，在日治時期和國府來台初期，搭三輪車是一種有錢人的交通工具。

日治時期著名的版畫家立石鐵臣在一九六二年出版的《立石鐵臣 台灣畫冊》中，畫有一幅〈拖車‧鳳凰花〉的圖繪，旁書：「台灣台南車站前的木樹是鳳凰木。開花期的美麗，無法用語言表達。像緞帶花那樣雪紅的大紅花，點點綻放在鮮綠上。」

照他的描繪，當時從「台南車站」一下車，就遇見了火紅的「南國美人」鳳凰花，台南之所以被稱為「鳳凰城」，大概在地形之外，這也是原因之一吧？如今車站還在，而鳳凰樹卻被砍光了，三輪車為時代所淘汰，只剩「車寮」來緬懷一番了。

再依據立石鐵臣在《文藝台灣》的台南通信中第二信所說：「是夜，坐人力車逛街。從車站到街上之間的鳳凰樹隧道，幾時看都是美好。上次看時，好像結了緞帶似的開了很

多鮮紅的花。今夜，下弦月隱現於枝葉間。」搭人力拖車，
當時只全靠苦力，人道上有所爭議，可現成為觀光景點的一
種重要噱頭，出國去旅行經常遇見，如重現立石鐵臣的描
繪，今天的台南觀光人潮一定更多。

　　立石鐵臣所謂的人力車，台語稱「手車仔」(tshiú-tshia-á）或「牽車」（khan-tshia），純由人力拖行；後來三輪車（sann-lián-tshia）出現，國府來台時，即外省人所謂的「黃包車」，正興街的曾家車寮寄放的就是三輪車。

　　現在的正興街是隱藏在海安路旁的巷子裡，海安路是在國民黨籍市長任內開發的，說是要蓋地下街商場，實則為炒地皮，硬生生的切斷五條港，接任的市長想救回這條路卻迭遭檢調調查，難以收拾，有風水師說，台南的地形像隻鳳凰，五條港就像鳳凰的翅膀，切斷了，鳳凰也飛走了。

　　雖然正興街現正逐漸發展出一種巷弄的文化創意產業來，可是當年立石鐵臣的台南描繪，車站仍在，風水被破壞了，鳳凰樹砍光了，手車仔不見了，車寮也無復存在了。

用手機拍好影片分享：

台南市國華街三段43號
(正興街交叉口)
電話：06-2216138
營業時間：
週一至週四: 9:00-19:00
週五至週日: 9:00-22:00

漢堡也可以不是速食

台南哈利速食店

「哈利速食店」其實一點也不快速，來客點餐，
一個個西式漢堡慢工出細活，
彷彿置身在晨曦中從家裡廚房裡傳來準備早餐的鍋鏟聲中逐漸醒來……。

　　女兒小時候帶著她到台南嚐美食，住慣台北的她居然脫
口而出：「我要吃有門的，不要沒門的！」

　　有門的就是餐廳，沒門的就是路邊攤的意思。其實台南
的所謂路邊攤大部分是小店家，也都是有門的，只是營業時
率皆敞開大門迎賓，看起來好像沒門，自然不若台北多數裝
潢得光鮮亮麗，附有電動門者的用餐環境好。

　　不過，我聽聞諸如「麥當勞」、「星巴克」這類的國際連
鎖餐廳，都是全球最大的地主之一。他們買下了店面開業，
久而久之，營業收入即轉成不動產的價值，古人說：「有土斯
有財」，這可算是最具體的實踐了。

　　有一年我在美國買到一本描寫速食王國的書，這才知
道為什麼迪士尼和麥當勞如此「麻吉」，原來華德‧迪士尼
（Walt Disney）和麥當勞的催生者雷‧克羅克（Ray A. Kroc）
在一次世界大戰時是同個軍營的袍襗，睡上下舖的革命伙
伴，怪不得八〇年代後，雙方合作愉快，買漢堡送迪士尼玩
具，我的小孩就是在那個年代裡成長的。

　　大學裡我教文化創意，常會詢問學生們一個問題：「迪

哈利現做的漢堡，再
來一杯奶茶，是我慢
活的早頓。

士尼最大的周邊產品是什麼？」答案大都是玩具、樂園之類
的，其實不然，依我看是房地產，在樂園的周遭打造迪士尼
新市鎮，最新的消息是：迪士尼要在佛州奧蘭多迪士尼樂園
附近的美景湖（Lake Buena Vista）約九百八十英畝土地，興
建四百五十棟豪宅，住戶可以天天望見迪士尼如夢似幻的城
堡世界。

　　所以我總是懷疑許多國際飲食連鎖店，到底算不算做吃
的？現代資本主義的運作，炒房應該是比炒菜好賺得多了，
而羊毛出在羊身上，食物烹調標準作業流程（SOP）化，成
本能省則省。

　　台南小店家則大部份是自家的房子，或者低價租賃而
來，久久才重新改裝一次，這才較能專心致志於食物的料理

上，精益求精，這家「哈利速食」就深藏在巷子之中，卻一大早就大排長龍。

多數漢堡在我的印象裡是美國「下里巴人」的食物，且為了大量生產，就以絞肉為餡，營養價值流失，許多環保團體時而批評為垃圾食物，只會增加人體的熱量罷了，但也有例外，我年輕時就在紐約吃過很好吃的漢堡。

自製的肉餡，家庭式的平底鍋，慢工出細活。

這種遙遠的記憶，好吃的漢堡就在這不起眼的「沙淘宮」巷弄裡找到了。手工製的新鮮肉餡，家庭式的文火慢煎，再來上一杯奶茶，這早頓無須匆忙，可以仔細品味，享受齒頰留香的芬芳記憶。

「沙淘宮」隱身在如今的「政大書城」之後，「政大書城」所處的大樓於日治時期為台南的四大「映畫」（電影）和「藝演」的最大場所「宮古座」，其餘分別為「戎座」、「世界館」和「大舞台」，建築式樣和日本東京歌舞伎座相似，典雅華麗，可惜戰後淪入國府之手，一九七九拆除占蹟，改建為延平商業現代大樓，現一樓以上大部份閒置，過去還幾度火災，然而要探究台南的美好歲月，這一帶見證了滄海桑田。

老鄭肉粽、台南度小月原址、小濠洲炒茶爐本店、華洲飯店、助產士的洋房、回春診所、六十餘年的豆腐店、江湖上的老大自宅等，如果仔細端詳，等於是閱讀了一篇府城失落的稗官野史，我經常在巷弄裡穿梭，或來食菜粽，或來吃漢堡，要是老鄭菜粽的老闆得空，還有許多百聽不厭的故事。

台南的巷弄文化就是用這種閒適的心情去體會，千萬不要囫圇吞棗，漢堡其實也可以不是速食。

用手機拍了影像來和大家分享：

台南市中西區中正路138巷8號
電話：06-2241422
營業時間：週一至週日
7:00-14:00

噓！不要給人家知道了，
台南在地饕家隱藏版的早餐
基明飯桌菜

從前在沙卡里巴裡賣飯桌菜者不少，其中最初頗富盛名者，
人稱「賣飯虎仔」，然而沙卡里巴屢遭祝融光顧，
現在僅剩的就是虎仔的徒弟葉基明獨立門戶的「基明」飯桌菜了……。

　　吃飯時，遇見熟人，搶著幫對方付錢，這種動作，府城仍保有「古風」，我如果想來頓免費的早餐，其實厚著臉皮到「沙卡里巴」的「基明飯桌菜」就幾乎可以白吃白喝了。

　　「沙卡里巴」是日語「盛場」的意思，就是很「熱鬧的地方」的意思。從前在沙卡里巴裡賣飯桌菜者不少，其中最初頗富盛名者，人稱「賣飯虎仔」，然而沙卡里巴屢遭祝融光顧，現在僅剩的就是虎仔的徒弟葉基明獨立門戶的「基明」飯桌菜了。

　　現在流行美食「隱藏版」，那麼這家飯桌仔就是在地饕家的天堂，我總是會在這裡遇見許多在地的饕家，通常善者不來，大都是本身也經營美食店家，但來這裡並非打探軍情，是真心誠意打從小時候就愛上的滋味。

　　最後連著名文史工作者、建築師也來了，我可以確認這肯定是「巷子內」的隱藏版了。

　　只是每回來交關，都得展開付錢大戰。老實說，我住在府城的資歷太淺，總是搶輸人，只是「食人一口，還人一斗」，真乃不知如何「結草」以報也。

　　飯桌菜不等同於「自助餐」，老闆一大早要取最生鮮的食材來料理，清晨趕得及，就可以看到殺魚烹調的現場，今天虎鰻、明天是土魠，後天可能是馬頭，全是當令旬採。運氣好，如「抬也」（北部稱為「金龍」）等深海魚類也享用得到；煮魚的魚湯清甜可口，此外，每日還供應不同的湯品，其中以肉絲、香菇、金針等製成的豆腐羹最是膾炙人口；其餘菜料，由於使用「肉燥油」炒出，因此特別下飯。所以在地老饕一來，總是先問今日有什麼生鮮漁產，一大早享受飯桌菜，台南人真是幸福！

我畫的是「抬也」魚，北部呼為「金龍」，再一碗魚湯，一碗白飯，就很飽足了。

基明飯桌菜魚肉。

　　台南得天獨厚，有三個水庫、兩個內海，還有水產試驗中心，養殖魚塭多不勝數，真乃天府之國也，又人情味特濃，這些都值得用手機留下影像，見證我們這一代的生活真實景象，而民以食為天，美味自然是首選了。

用手機拍了影像來分享：

台南市友愛街康樂市場65號

這一味牛肉湯是台南創作料理無誤

阿村牛肉湯

阿村三十一歲當老闆，約於一九六〇年代時經營，師從助仔，
助仔起初善於處理「雜仔」（牛雜）及「紅糟牛肉」，
後來才開始賣起牛肉切片，
據阿村說，當初師徒二人大抵是最早在台南賣牛肉湯的業者……。

　　台南人何時開始吃起牛肉湯？詢諸於後頭厝在台南的娟某大人，莫宰羊也，遑論牛隻，但我仍鍥而不捨，執意探究到底。

　　從前日治時期，台灣有三大較具規模的牛墟，分別為北港、善化和鹽水，以今天的行政區域劃分，台南市就佔了兩處，當時有無吃牛？蓋牛隻交易需經四道程序，分別為「摸齒」、「試步」、「考車」和「試犁」，通不過此四關嚴酷考驗者，病牛是也，送屠牛肉場去，至於屠宰後是祭了五臟廟還是其他用途，不得而知。

　　牛隻畢竟為幫人類耕種的動物，早期台灣人務農者眾，自然不忍食之，那到底為什麼破戒吃了起來？綜合文史工作者的說法，日本人來台引進肉牛繁殖，改變台人「役用牛」的觀念，以牛肉的營養價值較高，連日本天皇為了西化維新亦為民前鋒吃起牛肉來，可見牛肉在日本近代化過程中的重要性，所以在殖民地養牛、食牛，也就順理成章了。

　　牛肉進入台灣菜食譜裡，根據一九〇七年《台灣日日新報》專欄介紹的「台灣料理」，菜單裡就赫然出現了「紅燒

牛肉」，可見台灣人的高級宴席裡早就已經吃牛了，至於現在到處風行的「牛肉麵」，依已故逯耀東教授的研究則來自高雄崗山的眷村，這牛肉變成平民美食，則為國府來台後，外省人飲食文化的發展了。

　　不過逯耀東的文章裡遍嚐牛肉麵時還提及曾到台南有家切牛雜的攤子一嚐「但不是原鍋原汁切燙，原味全失」，這段文字時間與地點並沒有交代清楚，只是證明台南早有牛肉食材販售，有趣的是，當我遇見台南「阿村牛肉湯」的村仔，故事好像有了連結的線索。

　　阿村三十一歲當老闆，約於一九六○年代時經營，師從助仔，助仔起初善於處理「雜仔」（牛雜）及「紅糟牛肉」，後來才開始賣起牛肉切片。據阿村說，當初師徒二人大抵是

最早在台南賣牛肉湯的業者。

那時的屠宰場在「下林仔」（約為「建安宮」或「水萍塭公園」一帶），牛豬寮不分，算是溫體宰殺且離鬧區近，原本的牛肉來源以台灣水牛為主，較當下有些以乳牛混充的肉質佳，但阿村至今最津津樂道的還是牛雜的處理，偶爾也談到除了牛肉湯和那道開業以來必備的佳餚：牛肉炒高麗菜。

我為什麼要如此打破砂鍋問到底？原因很簡單，牛肉湯幾可斷定是台南人的創作料理，除紅糟牛肉（來自福州師的傳授）外，以一鍋牛大骨、牛腩、牛舌、牛油、牛雜等，再添入數種蔬菜，使之清香甘甜，如此烹調，台南應為開基祖無誤。

反正現在我和台南美食店家的老闆們都算熟識了，得暇便聽他們「白頭宮女話天寶，古董山人說晚明」，我又愛讀閒書，拼拼湊湊，心中美食地圖又更為詳盡了，不亦快哉！

今日早餐又來阿村處食牛肉湯，一整天力氣飽足，住在台南真是幸福啊！這回遇見阿村本尊出現，特地拍了影片來和大家分享：

台南市中西區保安路41號
電話：06-2293908
營業時間：04:00-12:00、18:00-24:00（早晚場都是賣完就收攤）
公休日：配合肉販休市時間，農曆初三、十七遇週二、三、四休息，遇假日順延

「油炸檜」實乃褒忠懲奸的良心事業，遵古法製作才安全！

台南百年油條

咱們如果來台南去嚐「阿堂鹹粥」，
就不要忘了來根油條，油條沾粥汁，咬起來口感倍增，
這油條就是「百年油條」的洪老闆數十年如一日，遵古法製作的，
絕不走味⋯⋯。

「百年油條」一點也不油條，老闆的做法都照他「俺公」當年交代，百年不變。

咱們如果來台南去嚐「阿堂鹹粥」，就不要忘了來根油條，油條沾粥汁，咬起來口感倍增，這油條就是「百年油條」的洪老闆數十年如一日，遵古法製作的，絕不走味。

油條，台語呼之為油炸粿，廣東人就直接寫成油炸鬼，好事者或曰「油炸鬼」實應作「油炸檜」，大抵就是用麵條來炸宋朝那對陷害忠良岳飛的秦檜夫婦。其實岳飛真如史載是個忠臣？而秦檜又果然是個油白臉的大奸臣？盡信書不如無書，但憑這一則油條的千古傳說，秦檜倒楣到底，永不翻身。

「百年油條」原本在巷子內，是許多老台南人記憶中的味道，百年來子子孫孫就只做一味，一路走來，始終如一，這比歷史上那些政客值得尊敬多了。

台南吃粥、喝杏仁茶、米漿都要配油條，或來盤油條淋上肉燥，也算一道配菜。移民台南後，我早餐吃得有些心得了，反而會注意油條這個小角色，總是會問店家，你的油條哪裡來的？

許多黑心業者為使油條酥脆，會摻入有害人體的硼砂，這吃多了會變「水母」得腦殘症，正確的做法要像「百年油條」那樣，將老麵筋糅合新麵，需時一眠一日，使其自然發酵，然後將其麵糰拉成長條狀，長度且有一定的標準才不會在裁切時浪費過多的食材，旋即切成小條塊後，又得用手指併攏拍扁，如此油炸時才會受熱均勻，下油鍋時，還得將兩條並列的小麵條在油鍋上空旋轉數圈，使其捲如麻花，這才能膨脹起來。

一般機器或為大量生產的油條都省略了旋轉的程序，所以炸起來就呈兩條平行線的模樣，並沒有使秦檜夫婦被炸得呈蜷縮扭曲的痛苦狀，不算替岳飛報了仇。

台南阿堂鹹粥配百年油條。

台南市中西區保安路123號
電話：06-2265826
營業時間：週一至週日 05:00-10:00

炸過的油料，必須倒在別的桶子裡濾淨麵粉渣，若干可用者再舀起來和新油混合使用，若顏色轉黑，則棄之不用。

「油炸檜」實乃褒忠懲奸的良心事業，所以一點馬虎不得，台南如是我聞，以上報告。

食安靠神明？／獨立評論@天下

有一位中國來台南的富商，堅持住要體驗民宿、食要吃小吃，我陪他逛了一圈後，結論是台灣的店家表面沒有中國的華麗，但內容卻很實在，不像「我們大陸」，外表光鮮亮麗，進去裡面吃的是什麼，心裡沒個準兒。

這是兩岸達成的初步共識，但如今台灣食安問題四起，我也不敢太篤定台灣食品就比對岸的好。

至於台南有無黑心食品？未經深入調查，不得而知；中央政府公信力也蕩然無存，連GMP認證也不足採信，衛福部有無再隱藏什麼事實？反正官員絕不負責

下台。所以我的觀察是紅櫃桌上，左有神明，右有祖先，仰不愧於天，俯不怍於人，大概是唯一檢驗的標準了。

牛肉攤子的店名是跟王爺三跪九叩求來的，牆上高掛「桌頭」解讀神諭來的詩句對聯。老闆雖不明講，但我了解了來龍去脈後，算是先吃了顆定心丸，舉頭三尺有神明，沒良心恐遭天譴。然而因為牛肉湯就是湯頭調製和溫體現殺的牛肉來源，烹調簡單，也就無須太擔心瘦肉精等問題了。

賣肉粽的就在調理台上高掛父母遺照，偶爾抬頭一望，趕忙又低頭專心包起肉粽來，百年古法一成不變，食材堅持本地出產的生鮮材料。依我看，除非被供應商刻意欺瞞，否則應該不太敢違反祖訓當個不孝子。

但也有開始進口中國花生，從事大量生產以應付宅配需求者。府城不是人口超集密集的大都會，一傳十、十傳百，街頭巷尾全知曉了，口味變了，至少我從此就敬而遠之了。

過年期間，虱目魚粥閉店員工旅行去也，怎麼不趁年節放假海撈一筆？老闆說，過年誰來牽罟捕魚？我們不賣冷凍的，這是從上世紀在廟口開賣以來的原則，就算電冰箱發明也不為所動。

有家在廟旁賣意麵的獨缺米粉，我問為什麼？他乾脆明講，因為不能把握米粉來源是不是玉米做的？有無黃麴毒素，而且擺攤賣麵是賺呷，又不是為了賺大錢，神明在看，乾脆不賣。

大抵老字號小吃，用餐環境沒有人家大都市的百萬裝潢那種氣派，甚至沒有脫離路邊攤的規模，是因為薄利多銷，賺得不多，無力改善嗎？我問來問去，居然得到一種「風水」說，怕攤頭改了方位會影響生意。這近似無稽之談，不過我自忖這店家應該還是相信因果報應之說的。

許多世代相傳下來的美食到了新的一代，有些學到了美式速食的經營法則，那些繁雜的手路就乾脆省略了，不但走味，而且還學會了無上限的廣告行銷手法，吃吃吃，快來吃我家的大餐哦！

大部分美式「走資派」食物的製造方式均有所謂標準程序（SOP），幾台機器，那裡要炸幾分鐘，這裡要燙多久，全是電腦控制，老闆不怕你廚師拿翹，不做就走人，總經理隨時可以循電腦教學，照本宣科，洗手做羹湯。

我去中國山東農村參觀，對農村盡是超高建築摩天大廈百思不得其解，後來聽聞山東供應全中國四分之一的蔬菜需求量，這才恍然大悟，原來是要把可耕地讓出來，人往高處住，我不禁懷疑十三億人的四分之一要吃山東菜，那麼基因改造，加速成長的「科學手段」也一定用上了。

有位朋友從上海回來，拿張照片展示他所知的食物化學組合箱，說明不管你要什麼口味，只消從這個箱子掏出調味劑，三、兩下就調製出來了，簡單說，咖啡絕不是咖啡豆研磨出來的，要不要來杯極品藍山？

網路裡有則影片流傳甚廣，片名：〈東西的故事〉（The story of stuff），揭穿美國消費體制的真相，財團和政府合作，宣揚消費再消費。事實在台灣亦復如是，三餐溫飽是不對的，牛排要吃那種比臉大的，漢堡要啃個七、八層，最後再來狂飲超大杯瘦身減肥油切茶；影片裡說：政客叫你投票給他才會幸福，事實上他們是服務於財團，在他們的聯合操弄下，新的消費神話誕生了！

台灣的迎神賽會很多，中國是無神論，現在要打造具有中國特色的社會主義，其實是全民往錢看，極度的資本主義化，人人相信的是經營之神，所謂的「大善人」陳光標連空氣也能罐裝生產出來當飲料賣，而且兩岸現在交流越來越頻繁，阿彌陀佛哦，還是聽祖先的話，信王爺的好。

榮格心理學裡的味覺奇幻經驗

阿卿杏仁茶

台南的保安路是在地傳統的美食街，
珍饌老店難計其數。
就這一味與其遵古製作的杏仁米漿相搭配，
便一炮而紅，在保安路上逐漸打響名號。

　　一碗純正古早味的杏仁茶，再打上一顆土雞蛋，總是會讓我想起兒時母親為了鼓勵我一大清早就起床背誦功課的那段求學的日子，伴隨著我成長的過程。如今每回只消來吃一碗「阿卿」的杏仁茶，對我來說，不只熱騰騰的捧在掌心裡的溫暖，總有著受到母親百般寵愛的回憶湧上心頭，這在心理分析上，或許也算是當代心理大師榮格（Carl Gustav Jung）所說的那種構成潛意識的味覺說的現象吧？

　　《晉書‧張翰傳》：「翰因見秋風起，乃思吳中菰菜、蓴羹、鱸魚膾。」意思是思念家鄉味而興不如歸去的念頭，然而，若僅止於食物的層次去解析，那就不免見樹不見林。其實每道阿母的滋味，背後總隱藏著每個人心中許多不能抹滅的故事，那才足以令人午夜夢迴，低吟「黃昏的故鄉」的旋律吧。

　　台南的保安路是在地傳統的美食街，珍饌老店難計其數，想在這一級戰區裡拼出一片天，除了口味獨味外，真材實料、童叟無欺至為重要。阿卿本名林秀卿，和其夫婿楊博文原是經營餐廳，後來在電視上看到恆春名品綠豆饌的介

紹，一九八八年乃決意自行研發販售，就這一味與其遵古製作的杏仁米漿相搭配，便一炮而紅，在保安路上逐漸打響名號。

阿卿長相甜美，如今雖已徐娘半老但風韻猶存，我第一回在當地饕家的引領下前來，更是驚為天人！初嚐其滋味，兒時我家門口那攤杏仁茶、米漿店如夢似幻的浮現在眼前，母親端來茶湯的聲聲呼喚更是歷歷在耳。

我家是個大家族，家族中人的勾心鬥角一言難盡，母親

阿卿的杏仁茶，香醇濃郁的古早味自然勾起我兒時的回憶。

紅豆杏仁茶湯

當時在權鬥中辛苦持家，於長屋建築中的天井每日為人洗衣賺取微薄工資，一心期待兒子將來能功成名就，鹹魚翻身，我乃奮發圖強，在學業上名列前茅，母親早晨的一碗杏仁茶加蛋，即是我一日用功讀書的精力泉源。

從前的杏仁茶或米漿，純正天然食材熬製而成，所以家門口那攤肩挑的小販也不必大聲叫賣，光是氣味就香聞十里，竟成了我這半生裡的潛意識，只消再度遭遇，那段艱困中求取生存的打拼日子即自然而然的炳若觀火了。這當然不是時下工業杏仁粉精所能製造出來的味覺奇幻經驗了。

用手機拍了影片來分享：

台南市中西區保安路82號
電話 ：06-2262799
營業時間：14：00-23：00
（賣完就收）

認同本土的在地人情味，陳幸妤喜歡的

台南官記臭豆腐

「官記臭豆腐」的創始人是來自福建沙縣的
外省老兵官家培帶來台南的手藝，這一味古稱「青方」，
傳說由慈禧太后賜名，以其傳入宮廷御膳後，形方色青而得名……。

　　移民到台南後，我就咨爾多士，為民前鋒，夙夜匪懈地探究我要長期居住的所在，戶籍也遷了過來，要實行我的公民義務，努力學習做個在地人。

　　「官記臭豆腐」的創始人是來自福建沙縣的外省老兵官家培帶來台南的手藝，這一味古稱「青方」，傳說由慈禧太后賜名，以其傳入宮廷御膳後，形方色青而得名。

　　形方而色青原來是傳統臭豆腐的原貌，古法使用天然莧菜使其發酵，自然在油炸的黃褐色澤中，仍然滿布綠色的斑駁；其次，如用烤製，更是不必先行下鍋油炸，直接將醬料塗於表層，入箱燒烤，驗證飽滿充實的材料原味。然而時下許多販售臭豆腐者，大都是怪異的純黃，也不知添加了什麼碗糕？

　　我聽第二代的老闆官重光說：老爸生前就是真正的熱愛鄉土、認同台灣的外省人！而他自幼在「鴨母寮」市場長大，講得一口道地的台南腔，更是以台南人自居了，孝順老爸、愛台灣，祖傳臭豆腐更不能隨便亂來。

　　我曾經在這裡遇見阿扁的女兒陳幸妤，她是為了逃離台

北媒體無情的追殺，台南遂成了她避秦之地的桃花源。大抵媒體像食人魚，見著血腥即蜂湧而至，圍而攻之，我雖也曾是媒體中人，但阿扁的女兒從嫩面幼齒就認得我這位叔叔，見著了，也不怕我用手持式攝影機合照，倒表現得一反過去在統媒的逼迫下所爆發出來的歇斯底里狀，而乃是流露出靦覥的笑容來。

這段影片PO上了網，網友都很驚訝於陳幸妤原來也有這般搁人的笑容，偏偏就是被那些毒舌的名嘴給看見了，居然

還評論說：「她怎麼還笑得出來？」

不笑，難道要她天天哭喪著臉，得個憂鬱症，名嘴們才會開懷大笑？

台灣又不是封建社會，不管是哪個黨派的政治人物出差錯，都不應誅九族，得饒人處且饒人，我實在看不慣媒體這些唯恐天下不亂的心態，所以選擇離開，那已經不是我人生的志業。

新味臭豆腐丸子，要預約才吃得到。

官重光到現在還洋洋得意的說陳幸妤最愛吃他的臭豆腐，每回都熱情招待，彷彿也樂見她選擇了台南慢活，買客小食回家開心品嚐，這應該算是已遠離「天龍人」的追殺，終於獲得了幸福快樂的生活了。

官記除了「青方」之外，還有一味五香豆腐湯：以油豆腐、花生、海帶、大腸、肝連等為餡料，是乃自第一代伊始就做來搭配臭豆腐的最佳湯品。近年來又研發一味臭豆腐丸子，火烤或煮湯兩相宜，尤為吃素者的佳餚，不過得預訂才有，製程據說頗為厚工。

住在台南最好少量多餐，每餐八分飽，臭豆腐尤為正餐之外的最佳點心，更何況這官記還有濃濃的不分族群的在地人情味呢。

用手機拍了影像來分享：

台南市北區海安路三段69號
電話：06-2211333
營業時間：週一至週日
16:00-00:00

摩摩喳喳都喜歡，男男女女都愛吃

台南傳統冰品江水號

冬天在台南，邀人一起到「江水號」吃八寶冰，

遇有人打卡上傳FB（Facebook）者，經常遭我制止，因為北部

正風刀霜劍，

您卻在府城吃冰喊涼，叫友人情何以堪？

　　台南的冬天短，且日夜溫差大，既使寒流已至，仍有白天暖烘烘的時候，在暖陽高照下，亦不妨來碗剉冰，冬日八寶中的鳳梨、愛玉因不當令暫缺，而如若天氣嚴寒，亦有熱騰騰的八寶湯、米糕粥等侍候，所以賣冰的店家，季節雖有影響，也不致於歇業，天一放晴，冬季飲冰者仍大有人在。

　　有一年欲赴日本長谷川觀音寺，下了火車站，站旁有一店家，門口高掛「台灣刨冰」的廣告，還用英文註明「Special sweets」，冰品計有十種，看來台灣人愛吃冰，乃名聞遐邇，連日本人都得摩屬以須，歡迎光臨。

　　有句俗諺說：「第一賣冰，第二做醫生。」以冰的製作來源為水，水的成本極低；醫生的養成，則須十年寒窗無人問，與其做醫生做到尻川爛一邊，不如來賣冰，是耶？非耶？這兩種狀元、探花的行業皆需福份，我吃齋拜佛不勤，只能爬格子乞食為生，很難體會人家的酸甜苦辣。不過台北麗水街有家冰店，日進斗金，最後竟至演出財產搶奪大戰，媒體報導沸沸揚揚，想來賣冰要是賣出了名堂，也應該能過著盆滿缽盈的生活了。

　　「江水號」的八寶冰是台南有名的傳統冰店，薪傳三代，八十餘年，創始人是黃江水，第二代是黃火木，到了第三代，留在大菜市「沙卡里巴」老店的是弟弟，到海安路上來開新店營業者為老大黃志偉，和我同一處健身房做運動，也算熟識。

其實總計十餘味，這八寶是我愛吃的。

我本來以為賣冰的工作很「輕可」（唸成ㄎㄧㄥ ㄎㄜ
ㄟ，接近很容易的意思），然而混熟了方知光就準備功夫就
很辛苦。所謂「八寶」，實則不止八樣配料，一大早就得動
手料理綠豆、紅豆、大紅豆、薏仁、蓮子、芋頭，旺來、蒟
蒻、粉角、湯圓、籽仔和杏仁豆腐等等，其中光是豆類的做
法，就須以文火熬煮後，待鍋中水份吸乾，再倒出盤裡於蔭
涼處風乾，方可上市。經過仔細的觀察，原來賣冰還得如此
夙夜匪懈，我自忖還是回去案桌前乖乖寫作算了。

　　傳統冰店的堅持便是全由手工自家製作，坊間中央廚房
來的，也不知添加了什麼化工原料，自然不可信任；其次是
店家裝潢，經由專業巧手設計，風格煥然一新，也頗受年輕
人的歡迎了。

　　我聽聞南洋的冰品稱「摩摩喳喳」原意是「男男女女」
的意思，而其品相也是當地一種八寶冰，但並不拘泥於食
材，戲法人人會變，各有巧妙不同，反正男男女女都愛吃，
皆大歡喜！

老店新開，風格煥然
一新，也頗受年輕人
歡迎。

用手機拍了影像來分享：

台南市北區海安路三段69
號
電話：06-2211333
營業時間：週一至週日
16:00-00:00

大概沒有一個城市像台南那般會吃虱目魚了
阿星嬤虱目魚粥

「阿星鹹粥」是間將近五十年的老店了，處理虱目魚的製程
最吻合上述的標準，台南在地老饕亦無人不曉；「阿星嬤虱目魚粥」則是
新開的店，前者是阿星的大女兒承繼的，後者則是二女兒在外經營自己的事業中止後，
回頭在夏林路敦請老母前來指導開設的……。

　　如果把虱目魚抽離，台南大概有許多人會成餓莩，虱目
魚是台南庶民料理中最重要的聖品之一。

　　離開台南，其他縣市的虱目魚實在很少及格者，除了
新鮮度不足外，處理者大都不夠用心，食者也不太計較，就
很難形成一種虱目魚的飲食文化了。

　　虱目魚的正確說法為「麻虱目魚」，從考證上，不管是
平埔族語言的「麻薩末」或西班牙語的「Sabador」都較為
可信，至於所謂鄭成功問這是「什麼魚」而衍化為「虱目
魚」，純屬行銷手法，瞞騙無知的人們而已。

　　台南吃虱目魚的方法，依我多年的觀察，解析如下：

　　魚頭：

　　或鹽蒸或再放入特製的滷汁中滷出甘甜的味道來，台南
善於玩，虱目魚者，率皆能將整顆魚頭「玩」得乾乾淨淨，
且魚骨堆積如座小山，直以特異功能視之。

　　魚肉：

　　虱目魚多刺，料理時或切斷其刺，或以指尖捏其紋理挑
出魚刺來，如此貼心服務，真是令人感到幸福。

也有曝曬成魚乾，再塗上黑胡椒，真空包裝販售。

兩兩肉：

是虱目魚肉中的精華，每尾才有秤重兩個一兩的部位，用之以製魚燥羼入白飯中食之，和肉燥飯比起來，又別有一番滋味也！

魚肚：

或清蒸或乾煎，通常除其魚刺，但也有偏愛保留肚下一層魚肉而留其刺，全然無畏「箍」著，大口嚼之而樂在其中。

一般浮水魚羹，講究者，得用虱目魚肚當食材，至於哪幾家是這麼做的，饕客心中有數。

魚皮：

分兩種，一為沾魚漿下水汆燙，或看刀功，皮下再留薄薄一層魚肉，口感特佳。

魚腸：

當然以吐盡泥沙，顏色鮮紅者為優，除其腥，或乾煎或煮熟，沾以特製沾醬，是乃人間美味也！

魚大骨：

用來熬製高湯必備，舉凡虱目魚粥、魚麵、魚丸湯等，無此一味高湯，則不成美食也。

魚鱗：

從前虱目魚必須「打魚鱗」，刮掉不用，現在則發現魚鱗富含膠原蛋白，正在開發相關產品中。

至於婦女產後補身或製成魚漿等等，則不在話下，虱目魚在台南真有若上天的恩賜，而台南人也一點不敢浪費，物盡其用。

「阿星鹹粥」是間將近五十年的老店了，處理虱目魚的製程最吻合上述的標準，台南在地老饕亦無人不曉；「阿星嬤虱目魚粥」則是新開的店，前者是阿星的大女兒承繼的，後者則是二女兒在外經營自己的事業中止後，回頭在夏林路敦請老母前來指導開設的。

兩家處理虱目魚都很仔細，用指尖逐塊探索魚肉中的魚刺，魚皮仍保有魚肉薄層，魚頭以大辛小辣兩種豆瓣醬用心滷製，魚腸更是碩大肥美。我大概是台南住有一段時間了，要求愈來愈嚴格，歪嘴雞，無法矯正了。

台南市中西區夏林路1-26號
電話：06-2231838
營業時間：05:00-14:00
公休日：農曆初三、十七
停車：路邊停車
臉書：阿星嬤虱目魚粥

台南吃粥的層次

阿星鹹粥

台南著名的「阿憨鹹粥」和「阿堂鹹粥」都是
先將生米米粒煮至微開，再用這半熟的米粒翻到魚湯裡去煮，
有人點餐時，
再一碗碗的舀出來以饗來客，這稱之為「半粥」……。

到台南吃魚粥，一般外來觀光客只覺得好好
吃哦，殊不知這粥食的處理方式還有許多層次：

其一為飯湯：

將佐料如香菇、精肉、筍絲，再搭上一尾鮮蝦鋪在米
飯上，高湯淋入，即為「香菇飯湯」，這一味和已經失傳的
「鮑魚粥」（成本太高）是府城在日治時期有錢人家的點心。

日本人傳統上不食粥，據說只有病人才勉強吞嚥，但
治台後遇見的台灣人，則是「時到時擔當，無米才煮蕃薯簽
湯」，基層百姓窮苦，番薯簽湯是主食，偶爾加上少許米粒
變成稀飯就很幸福了，遑論粒粒煮得香Q飽滿的白米飯。

台南望族之後辛永清在《府城的美味時光：台南安閑園
的飯桌》一書裡提到一種泡上湯汁的「貓兒飯」，可以想像
當初日人治台，在飲食習慣上和台民的不同：

在日本，湯泡飯叫作貓兒飯，代表著沒規矩，但我們卻
不覺得是什麼失禮之事。即使許多人同桌吃飯，像這樣將湯
或是菜餚的殘汁拿來拌飯，也無傷大雅。當然，宴客時不會
這麼做，但在一家人的晚飯桌上，這絕非惹厭的舉動。用茶

來泡飯反而會遭到嚴厲斥責。

　　可是這所謂的湯汁泡飯，後來在台南卻正式掛牌營業起來了。我詢諸國華街上賣香菇飯湯七十餘歲的老大哥，日治時期的香菇、鮑魚都是來自日本「內地」，但為了迎合台灣人吃糜的習慣，於是出現了「飯湯」，飯湯類似日式茶泡飯，只是將湯汁淋在米飯上罷了，觀其形，還是一種「貓兒飯」，並沒有在米粒上下功夫。

飯湯、鹹粥、半粥，都有不一樣的米粒煮法。

為了怕客人被魚刺箍著，用手指去觸摸魚肉，發現魚刺再用夾子挑除，如此貼心，真是令人感動

然而台民也受到日人的影響，清晨吃飯的也漸漸多了起來，所以又有去吃「飯桌仔」的「飯頓」之說，指的是吃白飯或肉燥飯的「早頓」。

其二為半粥：

台南著名的「阿憨鹹粥」和「阿堂鹹粥」都是先將生米米粒煮至微開，再用這半熟的米粒翻到魚湯裡去煮，有人點餐時，再一碗碗的舀出來以饗來客，這稱之為「半粥」。

其三是先將生米煮成飯，再將熟飯放到高湯中熬，這就是「阿星鹹粥」的料理方法了。

至於哪一種比較好吃？十嘴九尻川，有人說這好，有人說那很讚，眾口難調，端視個人口味了。

虱目魚粥裡的虱目魚，肉質多刺，為了怕客人被魚刺「箍」著，於是有以薄切的方式斷刺，或如「阿星」那般用手指去觸摸魚肉，發現有刺，則用小夾子挑出。大抵在台南，吃魚不見魚刺，吃肉剔其「筋胳」，樣樣吃軟不吃硬，如此貼心，真是令人感動。

台南人製粥，當然不只魚粥，也有諸如「阿娟肉粽、鹹粥」的菜單，總計四種：周一和周五係「芋頭」口味，周四則為「菜頭鹹粥」、周二、四為「高麗菜」，盛暑時，偶改為祛熱化痰的「鮮筍鹹粥」，大抵在早上十一點時刻端出兩大鍋，六十分鐘內一掃而空，慢來 No sut。

吃粥偶爾會配以油條沾湯汁而食，這要挑選老麵發酵，外表呈兩支麵條如老樹盤根般絞纏在一起者，這是不加化學原料的純麵油炸粿；如是兩根平行，直挺挺的躺在那裡如連體嬰，那可能是加入人工膨鬆劑，少吃為妙。

我在台南聽到最有趣關於粥的故事者，是「國立台灣歷史博物館」編寫的一則歷史記錄：

番薯煮糊塗粥

到了清朝統治時代，臺灣的社會結構愈來愈複雜，社會階層的分化也愈來愈明顯。富者吃白米炊飯，貧者吃地瓜和粥。

不過臺灣有些地方是吃不到米飯的，清代有個詩人是如此描寫澎湖的：「一碗糊塗粥共嘗，地瓜土豆且充腸；萍飄幸到神仙府，始識人間有稻粱。」說的是澎湖不產稻米，當地人不知稻米滋味，到臺南府城後，才知其味。清代澎湖人吃的「糊塗粥」，也不是真的米粥，而是用海藻、魚蝦雜以薯米來煮。薯米是將番薯切片曬乾而成，也就是閩南人說的「蕃薯簽」。

未到台南樂活前，我的人生當然早就見識過許多粥品，但率皆在豪華餐廳中品嚐，然而在台南連小小店家亦復如是講究吃粥的層次，吃粥一點也不糊塗，真乃「神仙府」也！

用手機拍了影片來分享：

台南市中西區民族路三段289號
電話：06-2200941
營業時間：06:00-13:00
公休日：農曆初三、十七

台南吃粥的層次／魚夫自由行廣播

台南吃粥的確層次分明，但都是非常用心的⋯⋯。

在這一集的廣播裡，試圖將台南粥糜的各種不同的料理方式做個小整理，從飯湯、半粥到將米粒煮熟，再放入高湯裡燉煮的不同滋味說清楚，講明白，台南吃粥的確層次分明，但都是非常用心的。

播出時間：20131201，晚間九點FM95.1自由之聲魚夫自由行。素稿請收聽You Tube，掃描QR code可收聽廣播。

外籍配偶對台南美食的貢獻

山源本產羊肉

這家「山源本產羊肉」是我在金風颯颯入冬後
食火鍋驅寒補元經常交關的店家,乃隨在地饕家的仙人指路而來,
尤其是那味羊肉火鍋,除羊肉之外,羊蹄筋邊肉(要預留)和羊肚等皆為上品,
如是一大桌人齊來,那最好自帶大型鐵網勺子來涮肉,
因為要不是用那麼大的勺子來撈,就不能吃得sut-sut叫,大快朵頤……。

「山源本產羊肉」的那位「老闆的娘」洋洋得意地跟我說,且慢,不是要先說她們家的羊肉有多好吃,而是很驕傲的把媳婦推到我的手機鏡頭前喜孜孜的說:「這是我們家的越南媳婦!婍哦?」

原來那媳婦長得真是標緻,又很驚人地講得一口流利的「國語」和台灣話,最重要的是還幫夫婿生了兩位長相清秀的小女孩,更叫人佩服的是在店裡忙進忙出的,一副任勞任怨的模樣,這是哪輩子修來的好福氣?真是叫人艷羨!

這家「山源本產羊肉」是我在金風颯颯入冬後食火鍋驅寒補元經常交關的店家,乃隨在地饕家的仙人指路而來,尤其是那味羊肉火鍋,除羊肉之外,羊蹄筋邊肉(要預留)和羊肚等皆為上品,如是一大桌人齊來,那最好自帶大型鐵網勺子來涮肉,因為要不是用那麼大的勺子來撈,就不能吃得sut-sut叫,大快朵頤!

這做羊肉的生意很辛苦,每天約莫午後四點,要將羊販送來的羊隻細心調理,光是挑去羊肉的筋膈(筋絡),使咀嚼時不致硬咬就頗費功夫,另一方面,亦得同時顧及大骨燉

煮高湯的火候，一切就緒後，還得一直賣到深夜。

　　現在學習做油湯，多數已轉至校園裡的餐飲科系，就業後也往大餐廳跑，一般的小食店家徵集學徒則乏人問津，反而是外籍配偶移民台灣後，任勞任怨，願意胼手胝足地打拚。

　　譬如我認識的那位賣油條的老闆，妻子是從越南迎娶過來的，跟著夫家奮鬥了二十餘年，至今仍每早神采奕奕，幹勁十足；煮虱目魚丸湯的越南老婆，不只生了個白白胖胖的

山源羊肉老闆的娘有位越南的外籍媳婦，才德兼備。

兒子，還能在老公休息時，獨當一面；中國四川來的大廚師娶了台南的美嬌娘，便落地生根，在台南開起正宗川味麻辣菜，台北饕客來重金挖角，不為所動，以愛上台南了為由婉拒，再不肯離開了；最是誇張的是，有一回我遇見一位寮國的女士，滿口字正腔圓的台語，比我還道地許多，大驚之際，乃連聲勸進：您何不去選里長？包管沒人認得出您的口音。諸如此類的例子，實不勝枚舉。

許多台南小吃攤的老闆，髮蒼蒼而視茫茫者居多，雖不至廣陵散絕，技藝失傳，但再過十年後，說不定來台南享用小食，便是這些外籍配偶主其事了。

杜正勝任教育部長時，有一回請我去一席會談，會中列席者多數為校長，討論的主題是補助博士生到國外留學的重要項目，最後的結論很有趣，多數同意要加強東南亞的研究方向，了解台灣新住民的原鄉，這絕對有其必要，不信您看，以後來府城找小吃，別忘了許多咱們叫老闆娘的可能都是外籍配偶了哦！

台南市府前路二段167號
電話：06-2262079
營業時間：16：00-05：30

黃家蝦卷

輯Ⅲ
19
台南府城黃家蝦卷

金華路

民族路

OK火鍋

阿江炒鱔魚 見《移民台南》P199

阿江炒鱔魚

水仙宮

老鄭牛肉麵
輯Ⅲ
14
老鄭牛肉麵

民權路

海安路

民生路

日落大道
預定地

石家正阿美綠豆湯
輯Ⅲ
15

石家正阿美綠豆湯

六千牛肉 見《移民台南》P36

六千牛肉

福生小吃 見《移民台南》P94

沙卡里巴

中華西路

台南運河

中正路

福生小吃

府前路

阿銘牛肉麵 見《移民台南》P219

阿銘牛肉麵

永華路

小西腳碗粿 見《移民台南》P142

水萍塭公園

小西腳碗粿 見《移民台南》P49
京華虱目魚粥

京華虱目魚

台南大南門款款行
私地圖

西門路

民生綠園

輯山—18　國立台灣歷史博物館

南門路

大南門

阿里人蔘虱目魚粥

電影書院

輯山—17　尚品咖啡

尚品咖啡

樹林街

健康路

唉，我會不會被閻王抓去拔舌頭啊？

老鄭牛肉麵

大抵本產牛肉不黏牙，再加上精心熬煮湯頭長達十四小時以上，
一碗牛肉麵食來汁濃味香；用餐環境又具古典雅致的氛圍，
因此大受歡迎，我三不五時饞獠生涎，
乃忍不住有違李遠哲院長的教誨，專程前往老鄭品嚐，
住台南而不為美食所誘惑者幾稀，
但將來被閻王抓去拔舌頭，也是活該的了……。

令人尊敬的長者，前中央研究院院長李遠哲先生有回來台南，我三生有幸能和他同桌共飯，席間李院長交代不食牛肉，理由大致是為了環保問題，舉凡牛隻的養成、宰殺和運送過程都會造成環境的極大污染。

古早時代，日本人和台灣人皆不食牛肉，以牛為人類耕耘，食不得也。但如今都為蓄養，日人在西方飲食文化的衝擊下也來養牛，「和牛」反成珍饈，這筆糊塗帳不知從何算起？台灣先民亦云：「無食牛犬，功名不顯；食了牛犬，地獄難免。」引申其義，乃不犧牲朋友兄弟，難以成就大業，但「嚻俳沒落魄的久」，報應遲早來到。

偶爾去台北四界撈撈趖趖，友人盛情款待，於某知名美國牛肉餐廳享用高級牛排，樓下亦有一集團旗下的牛肉麵店，一碗售價不菲，一般庶民除非神明祖宗保佑，抽中樂透大獎，實在不能擔負，店家以各種宣傳噱頭諸如秘法煉製、營養價值高云云為號召，如果不是有人請客，我實在一點也不想因此學齊人「饜酒肉而反，驕其妻妾」，不出數日，忽然媒體批露，這家店進口的美國牛含有瘦肉精！

　　果然那些含有瘦肉精的美國牛是「未仙假仙，牛膦假鹿鞭」！

　　業者當然推說責任不在我，不是推說政府把關不夠嚴謹，就是進口時遭到污染等等，總之，一輪太極拳打下來，五龍八獸大會戰，萬年魂歸離恨天，這瘦肉精的責任就成了羅生門。

　　又有一回，遇一牛肉麵館，門口一張公告：「本店使用澳洲牛肉。」我便走了進去，隨口說：「這好，應該沒有瘦肉精吧？」不料這店家卻出言譏諷：「政府要進口美國牛，那就進口吧，不要吃就好了嘛！」

　　不要吃就好了？這可真的應證了台語：「豬知走，不知死；牛知死，不知走」的俗諺，豬隻臨宰殺，會吱吱叫的四

老鄭牛肉的湯汁要熬煮十四小時以上。

老鄭牛肉麵花腱。

處亂竄，牛雖淚流，但任君處置，百姓做牛做馬也就罷了，千萬不要相信政府那套「牛犁耙，各項會」的鬼話，尤其是食安問題，政客們「一隻虱母謗甲水牛大」，信口雌黃，究竟是賣的人推說不知，買的人更是不懂，吃的人則傻呼呼的只認門口那紙公文，最後「牛尾掩袂滿牛尻川」，東窗事發，相關公部門則支支吾吾，矇混過關，結局是媒體鬧熱滾滾的演了一場胡撇仔金光戲，像友人和我，以為享用了一頓人間美味去也，誰知是不知不覺中等同被下了毒，還得事後手機Line一下互報平安。

台南在進口牛肉之外，尚有本產者可以足供選擇，還能到市場去查看肉品來源，圖個心安，至於有無造成環境污染，這又得專家來細說從頭。

在地饕口饞舌者大都知道台南牛肉攤店許多來自兩大肉商，一是善化的劉三，另一則為「保安市場」的「阿足」，皆為現宰，宰殺前需通過瘦肉精的嚴格檢驗；牛隻為本產牛或水牛，品項大致分為提供汆燙和燉煮兩種，如製紅燒牛肉麵，又以牛頰肉或花腱為極品，而「老鄭牛肉麵」便是向阿足採購的。

大抵本產牛肉不黏牙，再加上精心熬煮湯頭長達十四小時以上，一碗牛肉麵食來汁濃味香；用餐環境又具古典雅致的氛圍，因此大受歡迎，我三不五時饞獠生涎，乃忍不住有違李遠哲院長的教誨，專程前往老鄭品嚐，住台南而不為美食所誘惑者幾稀，但將來被閻王抓去拔舌頭，也是活該的了。

用手機拍了影片來分享：

台南市中西區金華路三段221號
電話：06-2269779
營業時間：週一至週日
09:00-21:00

老兄，台南沒有那麼熱！

石家正阿美綠豆湯

石家阿美綠豆湯不只看得見綠豆，還帶殼入水蒸煮，

有如糙米和白米之間的差別，保留了外層組織，營養豐富；

糙米日人呼之為「玄米」，以之煎「玄米茶」猶帶米香，

石家的綠豆湯除了豆香外，再摻入若干自製「粉角」，彈牙嚼勁完美呈現⋯⋯。

　　大部份的台灣人大抵都是夏天吃綠豆，冬天則吃紅豆的
相關食品。綠豆也者，味甘性涼，有清熱去火的功效；紅豆
乃富含鐵質，多食則氣色紅潤，能補血、促進血液循環，增
強抵抗力，所以不管是綠豆或紅豆，在許多人的回憶裡，幾
乎都有媽媽愛心烹調的身影，幸福甜美的記憶。

石家精煉的綠豆汁，不加水，直接急凍成冰塊，要用時再端來室溫溶解。

阿美正綠豆湯綠豆。

用手機拍了影片來分享：

台南市中西區金華路三段33號
電話：06-2226877
營業時間：週一至週六 10:00-22:00
公休日：週日

　　然而，不知為何，如今工商社會，在大都會裡就只能到便利商店去選購，這紅、綠豆的盒裝產品，通常見不著豆粒，而用所謂「提煉」的方式以盒裝液體出現，吸啜起來，甜味過重，少了幼時於盛夏之日或寒冬之時，吸完湯汁，乃又大啖鬆軟豆子的快感。

　　石家阿美綠豆湯不只看得見綠豆，還帶殼入水蒸煮，有如糙米和白米之間的差別，保留了外層組織，營養豐富；糙米日人呼之為「玄米」，以之煎「玄米茶」猶帶米香，石家的綠豆湯除了豆香外，再摻入若干自製「粉角」，彈牙嚼勁完美呈現，我每回在艷陽下踩車經過，不免舌乾唇燥，避入店家，大喝一聲來碗「加粒」的（有綠豆墊底的），只貪透心涼，也管不了那一下午消耗的卡路里，是不是白搭了？

　　我兒時在南台灣屏東成長，實在無所謂四季，就是終年長天當日的天氣罷了，母親的消暑秘方便是偶爾煮來一鍋綠豆湯放在冰箱裡冷藏等我放學回家時享用；石家的綠豆汁也是先儲放在冰庫裡凍成綠豆冰塊，販售時再端出來室溫溶解，濃度就不會被稀釋了。

　　綠豆在台南乃常民飲食，到處林立，如石家便有幾家店可供選擇，火傘高張的時候，不用太辛苦就找得到店家休憩，這就成了台南炎天暑月中沈李浮瓜的樂活據點了。

　　偶去台北，友人看我曬得黝黑，乃大驚：「你從非洲回來嗎？台南很熱嗎？」其實熱也算熱啦，只是反而沒台北的赫赫炎炎。台北我也住了三十幾年，驕陽如火天，站在大街上，四面八方高樓大廈裡空調排放出來的熱氣簡直就要爍金爍石，不若台南有海風吹拂，又有綠豆湯，宛如夏雨雨人，通體清涼，內外兼顧，請問如此說來，是哪邊才算熱啊？

老兵不死，只是逐漸凋零

原台南放送局

偶而到南門公園去喝杯露天咖啡就會遇見「原台南放送局」。
這棟和洋式優雅的建築，今天已為市府所有，稱「南門電影書院」，
台南的大學學校特多，提供了豐厚的基礎文創素材與人才，
影像且能獨立辦起南方影展，館內的收藏和活動亦屬頻繁，
許多實驗電影或記錄片都可免費觀看……。

　　偶而到南門公園去喝杯露天咖啡就會遇見「原台南放送局」這棟和洋式優雅的建築，今天已為市府所有，稱「南門電影書院」，台南的大學學校特多，提供了豐厚的基礎文創素材與人才，影像且能獨立辦起南方影展，館內的收藏和活動亦屬頻繁，許多實驗電影或記錄片都可免費觀看。

　　譬如早期的黑白老電影《王哥柳哥遊臺灣》、《鹽田區長》等都曾在館內播放，回味這些舊時影像，其中的場景今昔對比，趣味橫生。

　　放送局裡我遇見了一架稀有的「三十五釐米碳精棒放映機」，當兵時，我被調到政戰部門，居然分派去放電影，使用的機器就是眼前這部老古董。

　　當年軍中放映電影的規定很嚴格，遇有裸露的鏡頭自然要剪掉，就算男女親親嘴也在禁播之列，所以學長們就將剪掉的部份先藏了起來，得空再加工接合，趁四下無人時放來過過乾癮，我當兵時無女兵，有句話說：「母豬賽西施」，這些片斷，可怪也乎，竟足以令人臉紅心跳了。

　　日語的「放送」就是漢文「廣播」的意思。這種聲音

原台南放送局前的榕樹。

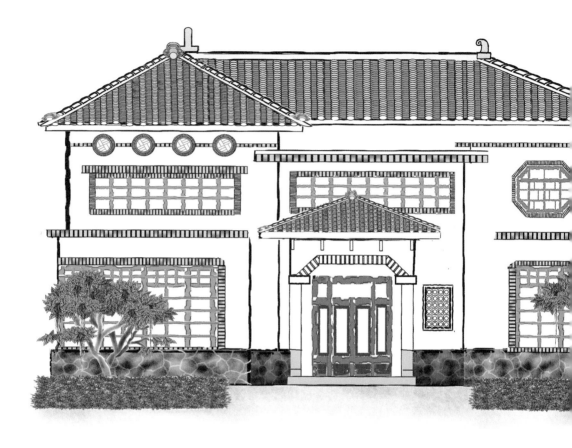

媒體不管在日治或國府來台，都是統治者的傳聲筒。日本時代，收聽廣播必須向主管單位「台灣放送協會」提出收音機登記，而且還得繳交月費，終戰後日本人離開台灣，就由國民政府接收，一度是「中國廣播公司臺南臺」。

我的人生過程參與了台灣媒體生態的劇變期，「報禁解嚴」是第一波，那時候畫漫畫評論時局是要冒著被「殺頭」的風險的，我怕萬一被逮了去坐黑牢，名下財產也會被沒收，所以全數移轉登記到姤某名下，現在民主自由了，她再也不肯還給我了。

突破廣播電台限制的過程也很刺激。從海外偷渡機器

來台，組裝基地要特別保密，播音者則需東藏西藏，且眼觀四面，耳聽八方，深怕有特務尾隨，如此衝撞體制，形勢才逐漸開放，後來我又想到

放送局內的天花板用昔日裝貨的木箱板塊來裝修，饒富趣味

一招：利用電話進行「地下電台」連線，透過電話串連，將南北兩地的聲音同步播出，擴大影響力，搶走了許多由黨國壟斷的「中廣」、「警廣」的收聽率，終於等到了政府不得不開放民間電台執照申請的時代到臨。

再來就是轉戰有線電視台，成了挑戰無線的先鋒，老三台也漸感招架不住，終於把「黨政軍」操控媒體的反動勢力趕了出去，敞開言論自由的大門，打開咱心內的門窗。有趣的是，政黨輪替後，江霞出任華視總經理，力邀我拔刀相助，出任義務職的執行董事，在「數位化」與「數字」財務上略盡綿薄之力，這實在諷刺，到頭來，我居然成了從前誓言要打敗的無線電視台的救火隊。

數位網路時代，許多媒體「革命夥伴」們歸隱江湖者眾，而我仍在思考如何利用諸如行動裝置，越過成本門檻創建公民媒體，將為人民發聲的權利從財團的手中奪回，因此每回經過這放送局，總不禁想起美國大將軍麥克阿瑟那句：「老兵不死，只是逐漸凋零」的名言。

用手機拍了影片來和大家分享：

台南市中西區南門路三十八號

台南「傳統口味」咖啡烘焙的開基祖
尚品咖啡

「尚品」創立於一九八〇年，是早期自家烘焙咖啡豆的先驅，
創辦人是許榮烈先生，現已交到第二代，且開設了許多分店……。

日治時期，大正年間（一九一二年～一九二六年），歷
經第一次世界大戰，歐洲各國元氣盡失，日本漁翁得利，於
焉邁入繁榮的時代，思想也漸趨多元，和洋交融，西方文化
普遍被接受，史稱「大正文化」或「大正浪漫」，台灣雖是
殖民地，也共享榮景。

在那個經濟起飛的年代裡，生活水平普遍提昇，所以喝
咖啡是件學習西方浪漫的雅事，府城當然也不例外，但僅限
於日本統治階級和富商顯貴之間附庸風雅的封閉圈子。一般
民間生活中，所謂「咖啡店」一詞，其實在老一輩的台灣人
聽來，是一種帶有情色意味的娛樂場所。

我嘗聽聞麻豆「電姬戲院」的後代，也是著名的複製畫
大師李靜為先生說，早期人們口中的咖啡店事實上並非賣咖
啡，而是喝紅茶，尤其是「仙女牌」。那是本土產出的老牌
紅茶，係日治時期由日本人改良阿薩姆紅茶，以揉碎發酵的
方式製成，頗受昔日消費者的歡迎。

在台南最早而又最著名的咖啡店，依李先生的回憶則
是位於舊日永福路上有家叫「貴賓」的咖啡店，一杯「咖啡

錢」時索二元，乃可邊飲紅茶，一邊欣賞古典樂。樂曲是使
用黑膠「刻盤」（唱片），放在手搖78轉唱機上播放，後來由
於物資缺乏，沒有鋼材唱針可用，就用竹片削尖了來替代，
但容易毀損，還得頻頻換針，雖嫌麻煩，音樂放送卻一點也
不能退讓。

　　民間真正流行起喝咖啡則是一九五一年美軍駐台後的
事了，現在民權路上的B.B.Art就曾經是美軍俱樂部，而「貴
賓」也逐漸正式賣起了咖啡，一杯五元，到了一九八〇年
代，則出現了安平的「紅磚咖啡」以及「夢咖啡」了，而

尚品咖啡就位於如今
的市長官邸旁。

自家烘焙咖啡豆,則以
「尚品」為開基祖之一。

　　不過這些咖啡故事
都只是片斷的回憶,歷
史脈絡仍有待文史專家
的研究,如果只是想聽
一些陳年往事,那麼更
得要勤來「尚品咖啡」
坐坐,才可以遇見許多
老前輩來古董山人說晚
明。

　　「尚品」創立於一九八〇年,是早期自家烘焙咖啡豆的
先驅,創辦人是許榮烈先生,現已交到第二代,且開設了許
多分店。朋友來台南找我,喝過台南幾家著名的咖啡,大抵
留下濃郁的印象,且多數仍採虹吸式的咖啡煮法,這種烹煮
方式比較符合東方人煮茶的習慣,且少有機器調理後的澀、
酸味尾。

　　ORO咖啡、明堂、IZZY、席瑪朵等,籠統來說,都是
從「尚品」的故事演繹出來的,或者至今仍和「尚品」維持
著合作關係,儼然已成為一脈相承的咖啡主流。我岳父在世
時,都會邀我來一同品嚐,藉此天南地北、古今中外的高
談潤論,他生前極嗜咖啡,緣起於年輕時在日本人的倉儲工
作,咖啡原料堆積如山,居然就此養成習慣,如今我則偶而
會和小舅子來這裡 點來一杯似乎已成台南「傳統口味」的
咖啡,偶遇岳父那個歲數,對「尚品」仍情有獨鍾的高齡長
者,便趣味盎然地共同緬懷起舊日的美好時光了。

用手機拍了影片來分享:

台南市中西區南門路341
號
電話:06-2153100
營業時間:週一至週日
09:00-21:00

台南將成為台灣最豐富的博物館城市了！

國立台灣歷史博物館

史博館的建築頗值稱頌一番。按照建築師簡學義的闡釋，
乃標榜以「渡海」、「鯤身」、「雲牆」、「融合」四個與臺灣意象相關的概念
為設計核心，館前的水池象徵先民橫渡黑水溝來臺的渡海意象，廣場上的
雲天廣場水舞臺代表的是鯤鯓，比喻先民穿越海峽時在海上遠觀臺灣西南岸沙洲，
好像看見鯨魚隆起的背一樣，點出先民候見臺灣島的驚喜……。

　　侄女從小在國外長大，回台後來台南找我，居然問我：
「鄭成功是一九四九年來的嗎？」這問題嚴重了，於是二話
不說，先帶到「國立台灣歷史博物館」去「洗腦」。

　　台灣人不了解台灣事，就算住在台灣，尤其是所謂的
「天龍人」，許多仍主觀認定台北以外的地方都是窮鄉僻壤。
從前我在電視台擔任總監，有回領了一隊人馬到台南，隊中
一位天龍人，遙指南台灣的椰子樹，大聲驚呼：「檳榔，檳
榔！」我的特別助理抬頭一望，乃冷冷的揶揄：「您要誤認那
是木瓜，我還勉強相信。」真是不可思議。

　　再到「內海仔」（潟湖），漁民用網罟撈起漁獲，張網後
魚蝦活蹦亂跳，忽然又有人大喊：「海豚！河馬！」可憐那漁
民忽然尷尬的楞在當下，大概心裡在想電視台來的怎麼如此
沒常識？原來大呼小叫者要說的是「河豚」與「海馬」，這
體積也未免差太多了吧？

　　位在台南的成功大學經常有國際學術交流活動，正式交
流之外，得空亦不免要四界趖趖，我成大的教授朋友們，大
概艷羨我的樂活日子，便將教化「番邦蠻夷」的重責大任交

「渡海」、「鯤身」、「雲牆」、「融合」四個與臺灣意象相關的概念為設計核心。

給我，我亦有因應之道，如果是第一回來台灣，那好辦，帶到這史博館來，英、日語導覽皆常備，最重要的是裡面的博物乃重建許多當年的實景，不乏蠟像、建築景片等道具，視覺教育效果極佳，約莫一個半小時便能寓教於樂，讓來客迅速了解台灣人的歷史。

苦的是，學者出了史博館，不若凡夫俗子走馬看花於願足矣，偏偏要打破砂鍋問到底，諸如什麼是二二八？白色恐怖係啥米碗粿？所以近年來我也得練就一口「歷史英文」，加上親身經歷負責後續深入解答了。

其實史博館的建築頗值稱頌一番。按照建築師簡學義的闡釋，乃標榜以「渡海」、「鯤身」、「雲牆」、「融合」四個與臺灣意象相關的概念為設計核心，館前的水池象徵先民橫渡黑水溝來臺的渡海意象，廣場上的雲天廣場水舞臺代表

的是鯤鯓，比喻先民穿越海峽時在海上遠觀臺灣西南岸沙洲，好像看見鯨魚隆起的背一樣，點出先民倏見臺灣島的驚喜。映射著光影的太陽能光電雲牆，則代表著渡海時眼前豁然開朗、充滿希望的雲天壯闊景象。

史博館的光電雲牆可以供應部份館內用電所需，是目前國內最大的太陽能發電示範區。

園區內展示教育大樓及行政典藏大樓，擷取了 漢人合院紅磚建築、原住民干欄式建築與石板屋等建築語彙，展現融合風貌。空間的設計上也與自然相呼應，展現建築與自然環境融合共生的關係。

要是來到史博館前，首先映入眼廉的就是那片巨大的光電雲牆，是以六邊形鋼構系統及太陽光電系統，組列組成長度一四八‧二公尺，高一五‧五七公尺，裝設的太陽光電系統共有一九五峰瓦（kWp），年發電量約一七萬七千九百三十八度，相當於一百四十五公噸二氧化碳排放量，所產生的能源主要是供應館方的需求，堪稱是台灣最具規模的綠建築 之一。

史博館的洩洪池，經過幾年來的經營已然是安南區的新生態園區，我經常帶著友人一起來看展，時間若尚有餘裕，則信步在湖濱，走過「牽手橋」，或乘於樹蔭之下，享受微風吹拂，一般訪客大都來去匆匆，實則這裡也極適悠遊一下午。

位於仁德區的新「奇美博物館」也已落成，號稱是台灣的「凡爾賽宮」，屆時來台南，北有「國立台灣歷史博物館」，進入老城區有「國立台灣文學博物館」，三大國際級博物館北中南各一，這種城市在世界上也鮮之見也。

用手機在炎炎夏日裡拍了影片回來分享：

台南市安南區長和路一段250號
電話：06-3568889
開放時間：週二至週日 09:00-17:00
公休日：週一

慢來no sut，非物質文化遺產應該是不會保護的

台南府城黃家蝦捲

「府城黃家蝦捲」至今仍是照步來，很厚工，
我聽聞是隨著明鄭來台的福州人所製作的一種美味小吃，
第一代的創始人黃金水師拜吳祀，起初只是做肉捲，後因日治時期的漁港大力開發，
所以生鮮蝦捲反大受歡迎，黃金水就是賣蝦餃、蝦捲起家的，
手藝薪傳三代，歷經遷徙到現址，不是在地人食好鬥相報，是不容易找到的……。

有一回為了一探所謂「佛跳牆」的起源，我特別走訪對岸福州的「安泰樓」餐廳，入口處有面大牆，原來這道閩菜已經被中國政府認定為「非物質文化遺產」，而加以詳細的記錄和保護。

一般人對世界遺產的看法總是有形的物質，然而非物質者，指涉的也可以是一種手藝、一種烹調方法，代表著當時人民的思維和生活方式，當然要加以細心維護，否則子孫世代如何具體而微的去體驗先民的生活？台灣在這方面仍有待加強，一味追求商業化，許多往昔精緻的料理方式也正逐步成為一種傳說。

以蝦捲的製作為例：

傳統的蝦捲做法，是將高麗菜、蝦仁（火燒蝦）、鴨蛋、蔥等製成的蝦漿，捏成約十來公分的長條，外層用豬腹膜包裹固定其形，再裹粉下高溫油鍋炸成，食用時，佐以醬油膏及些許黃色芥末，外皮香脆，內餡彈牙，真乃人間美味也。

豬腹膜，台語念成「Bong7-se」，聞聲測字，「網紗」是

左上方是未糊前的蝦捲原型，要用「網紗」（豬腹膜）來固定餡料。

也，但坊間也不知是誰開始用起「網西」二字，望之不知所以然，而文化部《台灣大百科》也居然將錯就錯，加以沿用。網紗者，其形攤開來如一層薄紗，筋絡成網狀，台灣人吃豬油，最高級的為「板蛔油」（如蛔般呈白色的腹部油脂），其次就是「網紗油」了，這是固定豬隻體內的隔層油脂，經高溫油炸後，分佈在腹膜上的油脂就會溶解滲入到內餡裡，使其入口更加油滑，誘發出一股清香來，台灣人不只用來包蝦捲，也用在肉捲、雞捲，即所謂的kng2（捲）或kian2（卷）等外衣。

食蝦捲要配這味魚丸
鮮肉冬粉湯。

另外還有一種蝦捲的做法是用豆腐皮來製作，眾口難調，自然也有嗜好此味者，但在地的老饕還是認定網紗為正宗。

由於豬腹膜的數量並不多，且容易戳破，所以一旦要量化生產，當速食店的菜色賣，這道程序就會被省略，蝦捲吃起來乃因此顯得乾澀許多，於是要品嚐到真正的古早味已經愈來愈少，其實不只蝦捲，許多其他烹調方式，如不加以留意，也將嗚呼哀哉，尚饗。

「府城黃家蝦捲」至今仍是照步來，很厚工，我聽聞是隨著明鄭來台的福州人所製作的一種美味小吃，第一代的創始人黃金水師拜吳祀，起初只是做肉捲，後因日治時期的漁港大力開發，所以生鮮蝦捲反大受歡迎，黃金水就是賣蝦餃、蝦捲起家的，手藝薪傳三代，歷經遷徙到現址，不是在地人食好鬥相報，是不容易找到的，所以小小一味蝦捲，也有其時代的背景，反應彼當時府城庶民的生活。

「非物質文化遺產」的申請對象是聯合國教科文組織，二〇一三年首度由中國人赫平出掌大會主席。台灣連世界衛生組織都進不去了，所以要嚐傳統台南蝦捲手藝嗎？慢來 no sut（sut是客語），非物質文化遺產應該也是不會保護的。

用手機拍了影片來分享：

台南市中西區西和路268號

電話：06-3506209

營業時間：14:30-20:30

公休日：週六、週日

台北城天龍人永遠不能理解的所謂

豪宅的定義

天龍國的台北城豪宅，是用錢買得到的；
台南的好宅是要用心經營的，所以豪宅的定義是什麼？
是物質或心靈？我逃離台北後，才明白這個道理嗎……。

　　有時候，我真的會懷疑，台北城天龍人真的了解所謂的豪宅定義是什麼嗎？真的理解何為生活品質？這是我在台北住了三十餘年後，五十歲了，再回到中南部才明白的道理。

　　屏東囝仔蘇嘉全，我這位老友，因為參選副總統，名嘴爆料他的農舍住宅是豪宅，從此爭議不斷。在蘇嘉全和我來看，那農舍是合法的，而且是很普通的，後來農委會也證明完全合法，在南方，只消用心耕耘，也可以住得很舒服。許多住在中南部的人看見蘇嘉全的農舍，台北城天龍人大呼那是豪宅，不禁覺得好笑，真是「台北聳」。

　　經營農舍是這樣的，無須花大把銀子，更不是像住在「帝寶」一樣，花錢請人把你全家人關起來，出入都得層層關卡，住個百來坪，便自以為成就人生偉業，而請曾有警察、獄卒經驗的保全人員，重重包圍，偶有訪客，屋主朋友個個先被認定是小偷、竊賊之流，保全如臨大敵，停車要聽指示，行進動線、搭乘電梯、向左往右，均有專人導航還得解碼，媽呀，我是來找朋友，不是來探監的！

　　在南部，而是要有「採菊東籬下，悠然見南山」的心

台南李教授的豪宅

情先，地坪廣闊，沒有保全，隨便停車，大辣辣的走進去，但主人要養一大堆樹以迎賓，而不是一大堆保全、傭人、員工、司機等，這才能享受田園之樂，至於台北人前呼後擁，一呼百諾的生活，恁爸當過電視台總監，也算名流之列，看過很多了。

我這位從年輕時就嚮往田園之樂的朋友經營他的農舍十餘年了，有入口處十餘歲的米格魯老狗為證，這條老狗死守

家園，比任何保全還忠心，也更盡責，更重要的是，吾友說要住得慣農舍，首要忍受得住不安全感，住在城市裡的人，怕偷怕搶，其實也不必如此緊張；最重要的是，他並不是在這裡單純享受他的田園生活，反而是天天思考如何佈置農舍裡的田園環境，經過十餘年的努力，樹種從幾公分大，到現在幾公尺，才開始了他的農舍好宅生活。

　　天龍國的台北城豪宅，是用錢買得到的；台南的好宅是要用心經營的，所以豪宅的定義是什麼？是物質或心靈？我逃離台北後，才明白這個道理嗎？

經過農舍主人的同意，我把影片拍了回來，和大家分享：

花香

城東、城北
有情有義的幸福門

　　「知事府」是日人治台始政後最早期的公共建築之一。一八九四年甲午戰爭（日方稱「日清戰爭」），台灣被「祖國」割讓給日本，雖然反抗行動烽火四起，最終還是無可奈何的接受外族的統治，這個所謂的美麗島，其實從施琅打敗鄭氏王朝後，清廷從來沒有想要回這塊李鴻章所言的「鳥不語、花不香；男無情，女無義」的丸泥之地……。

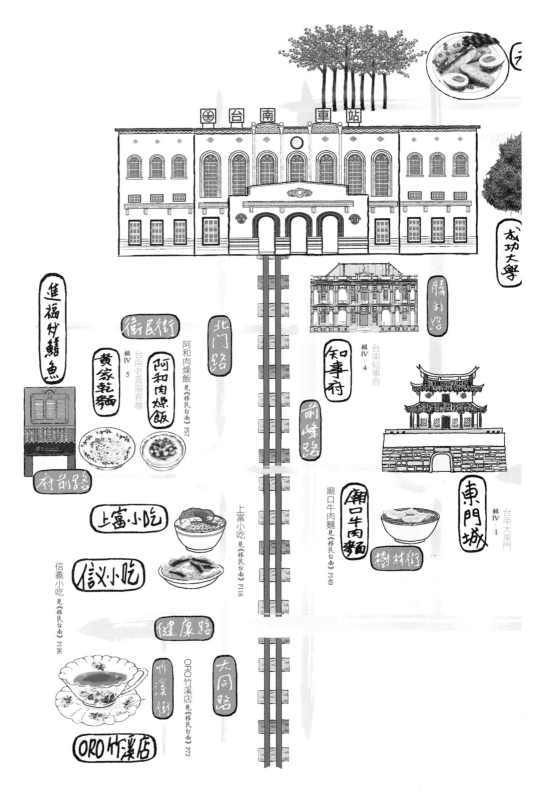

元

成功大學

台南車站

勝利路

進福炒鱔魚

衛民街

北門路

台南知事府
輯Ⅳ-4

知事府

阿和肉燥飯
見《移民台南》P57

黃家乾麵

阿和肉燥飯

台南老黃陽春麵
輯Ⅳ-5

前峰路

廟口牛肉麵
見《移民台南》P149

府前路

廟口牛肉麵

樹林街

東門城

台南大東門
輯Ⅳ-1

上富小吃
見《移民台南》P116

上富·小吃

信義小吃
見《移民台南》P196

信義小吃

健康路

竹溪街

大同路

ORO竹溪店
見《移民台南》P72

ORO 竹溪店

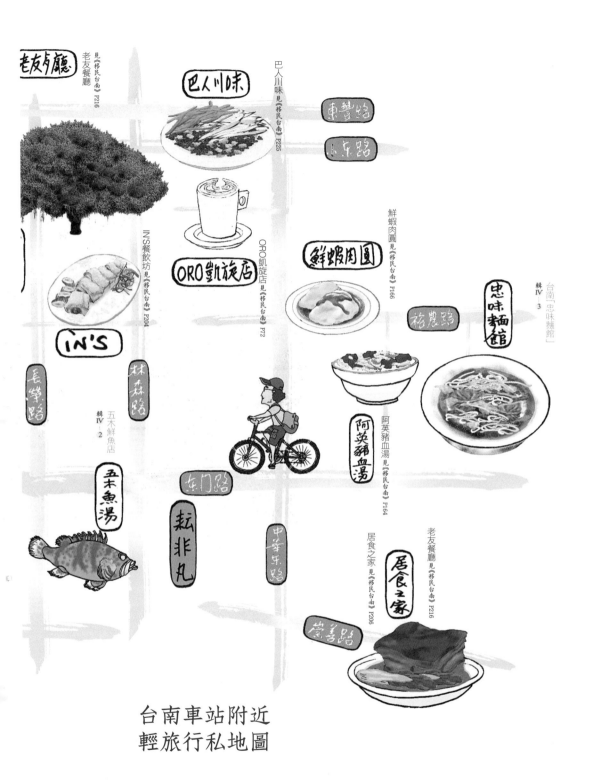

老友餐廳
老友餐廳 見《移民台南》P216

巴人川味
巴人川味 見《移民台南》P225

南豐路

中東路

IN'S餐飲坊 見《移民台南》P204

IN'S

ORO凱旋店

ORO凱旋店 見《移民台南》P72

鮮蝦肉圓

鮮蝦肉圓 見《移民台南》P166

裕農路

忠味麵館

台南「忠味麵館」
輯IV─3

長榮路

林森路

五木鮮魚店
輯IV─2

五木魚湯

東門路

耘非丸

中孝東路

阿英豬血湯

阿英豬血湯 見《移民台南》P164

老友餐廳 見《移民台南》P216

居食之家
居食之家 見《移民台南》P206

崇善路

台南車站附近
輕旅行私地圖

亞細亞的孤兒

台南大東門

大東門是在一七二五年雍正皇朝
將台灣建府時修築的，
一七八六年爆發林爽文發動
十萬民兵反清抗稅，
曾經是台灣最大族群的西拉雅族大頭目、
大尪姨金娘帶領部落聯軍參與起義，
老友林建隆教授為此寫了一部
《刺桐花之戀》，新書發表會就在台南
舉行……。

　　《亞細亞的孤兒》是我年輕時看過的一部長篇小說，書中的主角胡太明在被日本殖民的台灣遭到欺壓，轉向中國尋求認同，卻受到歧視。作者吳濁流透過小說情節，敘說台灣人的悲慘心界，想買這套書來看也不難，經過台南「東大門」（迎春門）的圓環時，城邊的「府城舊冊店」以 宣揚台灣意識為職志，肯定是買得到的。

　　中山高開通之初，進出台南都得經過東大門，堪稱古都的門面地標，只消了解台南建城故事的來龍去脈，這「迎春門」不禁讓我哼起鄧雨賢的「望春風」裡的一段歌詞：

　　思欲郎君作尫婿，意愛在心內；

　　等待何時君來採，青春花當開……。

　　一六八三年，施琅打敗鄭家軍為清廷收復台灣，九月上

我把日治伊始初期的大東門樣子想像出來。

奏康熙皇帝〈台灣就撫疏〉對於收回台灣的後續問題，力請聖上迅速做出決定，以免人心浮動。這康熙皇帝本來只是想剷除鄭氏勢力而已，雖然打了勝仗，並沒有那麼急著想在台灣設官署、駐兵，納入版圖。換句話說，台灣孤懸海外，只是一塊雞肋，食之無味，棄之可惜。

清廷這種愛管不管的態度，民間只有自力救濟，所以像「宋江陣」這種民防組織就應運而起，如今已成迎神賽會儀式裡的重要表演；其次靠著神明力量繞境保平安，也就特別的時興。

大東門是在一七二五年雍正皇朝將台灣建府時修築的，一七八六年爆發林爽文發動十萬民兵反清抗稅，曾經是台灣最大族群的西拉雅族大頭目、大尪姨金娘帶領部落 聯軍參與起義，老友林建隆教授為此寫了一部《刺桐花之戀》，新書發表會就在台南舉行，原來揭竿反清失敗被抓去砍頭的的第一女志士並非歷史教科書上漢族的秋瑾，而是台灣台南的原住民。

如果不是漢族的林爽文和平埔族的金娘起兵抗稅反清，這個城門是不會建的。

林爽文事件後，才開始加強如今大東門的防禦工事，一

八九四年甲午戰爭，台灣割讓給日本，清廷又不要台灣了，李鴻章給台灣下了個評語：「鳥不語，花不香，男無情，女無義。」

　　想當初荷蘭人之所以來到台灣，是因為先佔領澎湖，被福建地方官員趕來當時的化外之地台灣，成了荷蘭東印度公司對日、清貿易的據點，只是在台三十八年期間發現資源豐盛，又可就近招募福建漢人勞工，因而興起了「唐山過台灣」的移民潮，運用漢人勞工生產大量鹿皮可供海外貿易，漁業資源能加以抽稅，鼓勵種植甘蔗輸出砂糖，到了一七二〇年代連稱米也能出口了，荷蘭人發現光靠漢移民就可以「翹腳唸嘴鬚」賺大錢了。

　　鄭成功來台灣不到一年旋即過世，鄭氏王朝以台灣為基地經營僅止二十二年（一六六一年～一六八三年），目的是為了反清復明，當然奢談長治久安，後來內鬥頻仍，終至覆亡；清朝將台灣割讓給日本，日人自是以殖民經濟掠奪而從事建設，諷刺的是，太平戰爭之後，美國人將「戰利品」台灣交給中國託管，「台灣地位未定論」至今仍在台灣內部流傳，這「亞細亞的孤兒」故事，一代還復一代的發生，東大門無語，卻見證了悲情的台灣史。

　　有一回我在中國廈門一家「洗腳店」享受足部按摩，店裡人人有座長沙發，沙發前是台電視，侍者發現我是台灣人，忽然問我台灣為什麼還不快點回歸祖國？我望著電視螢幕，怪了，那節目正播出清、日「甲午戰爭」的連續劇，於是用腳姆指點點前方的電視，淡淡的說：「就是那場戰爭，把台灣遺棄了啊！」

用手機拍了影片來分享：

台南市東區勝利路口（東門圓環）

長鋏歸來吧！天天有魚食

五木鮮魚店

這家「五木鮮魚店」取遠洋漁船滿載而歸的野生魚鮮，
簡單以清湯、味噌料理，
點來一大碗白飯，便是一日精力的來源了……。

齊人馮諼為孟嘗君食客，不受重用，一日倚柱彈其劍，歌曰：「長鋏歸來乎！食無魚。」

齊國在中國今日的山東，山東我去過，烹魚鮮實在不怎麼樣，長鋏何處去？不如搬來台南當食客，天天有魚食，這裡是魚米之鄉。

一大早到處林立的「鮮魚店」，賣的是當日生鮮的深海鱸魚石斑，養殖者鮮少，如這家「五木鮮魚店」取遠洋漁船滿載而歸的野生魚鮮，簡單以清湯、味噌料理，點來一大碗白飯，便是一日精力的來源了。

二〇〇九年的八八水災，我的故鄉林邊成了水鄉澤國，隔壁的佳冬鄉亦災情慘重，養殖的龍膽、石斑流入大海之中，我後來聽聞游進了台南四草橋一帶，有人一日釣起數十萬價值的大魚，狠狠發了一筆財，而佳冬原本的魚塭卻流進了花跳（彈塗魚），台南人亦食花跳，煮湯最為清甜。

魚鮮和台南的小食關係密切，要整理起來，其實得先來個「神農嚐百草」：

虱目魚是台南最常見的養殖魚，一條魚從頭吃到尾，食

魚前除去的魚骨用來熬湯，最終魚鱗外衣亦不丟棄，可提煉
膠原蛋白供保養皮膚；直接煮食外，常見打成魚漿，製成虱
目魚丸，或以少許魚腹加入魚羹中增添口感，亦有炸成魚酥
下麵，香甜可口，更有取其「兩兩肉」做成魚燥，淋在白飯
上，乃成一碗油而不膩的魚燥飯。

　　其實虱目魚丸用鱠魚為最佳，鱠魚肉質經拍打後會更有
彈性，因而有句諺語說「爛鱠欠打債」，只可惜近年來鱠魚
已較為少見了。

現在狗母魚的利用逐漸普遍。這種魚有著數排尖銳而內彎的牙齒，屬肉食性，其肉質纖維長而細刺多，適合去骨打漿，製成魚丸、魚板或魚酥，或巧手變幻為著名的魚麵。更有一種「魚冊」，在魚漿肉內包豬餡及芹菜，製成長條形，排列起來，其形如個「冊」字而得名，是台南人冬天下火鍋的最佳搭檔。

旗魚或做魚酥，是撒在米糕上的最佳佐料，也有利用背脊肉來打浮水魚羹或製旗魚丸，享用碗粿或肉燥飯時，是常見的附湯。

台南擔仔麵率皆以蝦殼熬煮湯頭，昔日以沙蝦為主，也是海產大餐上最香甜可口的前菜之一，後來由於全台拚命養殖外銷，如今只能在魚塭裡混養，產量頓減，火燒蝦乃取而代之。

五木鮮魚店的烹調之道無他，就是新鮮、用心罷了。

蝦仁飯也是台南的小食特色，用的就是火燒蝦，蝦殼剝除後集中送到養鴨場，換來生鮮鴨蛋，吃蝦仁飯配鴨蛋湯，就是這麼來的。

肉圓做法，台南與眾不同，非為油炸，而是以米漿或馬鈴薯做外皮，包裹蝦仁、豬肉，炊蒸後，看來像羊脂白玉，吃起來香Q可口。

鱔魚在台灣已無野生，亦不知如何養殖？大部份從中國進口，唯據聞對岸現有技術研發出來，真相不得而知。炒鱔魚或鱔魚湯，滋陰補血，與上海的炒鱔糊手路相異，係從福州傳來本地，外地人嫌其味道過甜，實則也有鹽鹹炒法，但

限在地饕口饞舌的巷仔內者才知
曉。

　　土魟魚傳說是打敗鄭
氏王朝的水師提督施琅的
最愛，土魟即由提督轉音而
來，入冬後，爭逐烏魚循線挺
進到台灣，然而一般土魟從遠洋進
口者則為魚羹或魚粥的食材，冬季澎湖捕獲者方為上品，每
到盛產季節，便可到「水仙宮」市場選購，常見有人訂購一
整條，請店家切成數塊，饋贈親友。

　　雌烏魚取其卵壓烏魚子，公魚則挑出鰾
來清蒸，剩下的烏魚殼肉可煮米粉湯，
先民有云「鹹水烏剩過雞肉箍」，其
美味可想而知。

五木鮮魚店石斑魚。

五木鮮魚湯碗。

用手機拍了影片來分享：

台南市林森路一段373號
電話：06-2750623
營業時間：06:00-14:00；
17:00-20:30

嫁妝一牛車，不如這一帖秘方

台南「忠味麵館」

咱們說「忠味麵館」，那是分店名，元祖本舖在台南仁德，
卻連個店招也沒有，女婿這廂既名「忠味」，
則須忠於丈母娘的原味，所以我來過女婿的店後，
自然要到本始店走一回，看忠不忠於原味……。

　　婿某是台南人，我討老婆時並不清楚有所謂的台南嫁妝一牛車之說，幸好岳家亦省去許多傳統繁文縟節，否則要取人一牛車財富，按照連雅堂《雅言》的記錄，台南「親迎之禮」的規定，男方亦有相對義務：

> 娶婦之時，媒妁乘轎前導；以一男子挑一擔，上置紅酒兩瓶、鴨一雙、豚肩一、羊腿一、鹿脯二、明筋二及冰糖、冬瓜之屬，謂之「禮盤」，為初見長者之贄。台灣無雁，代以鴨；即「奠雁」之禮也。

　　這算初見面，若全依古禮行之，傾筐倒篋，那就得搏命演出了！不過若干禮俗，岳母大人仍甚為堅持，如良辰吉時、大餅數目等等，最為可怪的是迎娶新娘後，一路得攜一隻活蹦亂跳、不時引頸長啼的「帶路雞」，而且還得塞到洞房床下和新人共度良宵，所以您可想像在行周公之禮時，氛圍有多怪異。

　　考其「嫁妝一牛車」乃是展示女兒家「後頭厝」實力堅強，暗示之子于歸，千萬要善待我寶貝女兒。不過那是古禮，現代人如果要嫁女兒，最好的嫁妝是什麼？我的看法是

用心培養女兒，讓她的眼界擴展，能力超凡，將來在經濟上能獨立自主，這才叫窈窕淑女，君子好逑。

還有一種嫁妝，擁有獨門秘方或者若干專利者，讓女兒帶過去，使夫家好生活，這可就揚眉吐氣，走路有風了。

我在看「忠味麵館」可也就是這樣子了。一帖辣味榨菜肉絲麵獨家秘方，食來在味蕾裡留下深刻的印象，竟有寤寐求之的衝動，而女婿也肯學，那麼夫妻連心，合力打拚，吃穿都不愁了，娘家也非常有面子，這也是最好的嫁妝。

咱們說「忠味麵館」，那是分店名，元祖本舖在台南仁德，卻連個店招也沒有，女婿這廂既名「忠味」，則須忠於丈母娘的原味，所以我來過女婿的店後，自然要到本始店走一回，看忠不忠於原味？結論是兩家味道差不多，看來女婿有用心學，自然也生意鼎盛，竟成就了兩家人的幸福，今夕何夕？見此邂逅，為文以誌之。

我又用手機拍了影片來和大家分享：
台南忠味麵館元祖店：台南市仁德區仁義一街55號
電話：06-2791359
營業時間：07:00-14:00
公休日：週日、週一

台南忠味麵館女婿的店：台南市東區裕忠路87號
電話：06-3315089營業時間：07:00-14:00
公休日：週日、週一

喝杯下午茶，看見統治的決心

台南知事府

「知事府」是日人治台始政後最早期的公共建築之一。
一八九四年甲午戰爭（日方稱「日清戰爭」），
台灣被「祖國」割讓給日本，雖然反抗行動烽火四起，
最終還是無可奈何的接受外族的統治，這個所謂的美麗島，
其實從施琅打敗鄭氏王朝後，清廷從來沒有想要回這塊李鴻章所言的
「鳥不語、花不香；男無情，女無義」的丸泥之地……。

三不五時，我會逛進「知事官邸」（俗稱知事府）找人稱「郎叔」的郎毓彬喝杯香濃的黑咖啡，他是攝影大師郎靜山的兒子，通達藝術文化之外，肚腹還有一大本的咖啡經，在巴洛克式的建築前，庭園擺上兩、三桌的露天座椅，抬頭一望，三株高聳的蒲葵樹搖曳生姿，且巧遇季節到臨時，還有一大欉的苦苓樹正綻放高雅的滿頭紫花，這杯下午茶，充滿歐式的氛圍，「知事府」內經營西餐廳，當年細緻的歐風裝潢，只差沒有金髮碧眼的侍者罷了。

「知事府」是日人治台始政後最早期的公共建築之一。一八九四年甲午戰爭（日方稱「日清戰爭」），台灣被「祖國」割讓給日本，雖然反抗行動烽火四起，最終還是無可奈何的接受外族的統治，這個所謂的美麗島，其實從施琅打敗鄭氏王朝後，清廷從來沒有想要回這塊李鴻章所言的「鳥不語、花不香；男無情，女無義」的丸泥之地。

日治伊始，為了展現新統治的決心，一八九九年興建了

台南「知事府」，「知事」一職所管轄的範圍涵蓋了嘉義以南所有的南台灣，建築在那個時候大概屬最大的量體了。

　　巴洛克式的建築的正面，頂上有座弧山牆，原有圓形雕飾，年久毀損後，改以較為簡單的形式；樓高兩層，上下皆有迴廊，中間與兩側採八角形「出龜」（往外凸出）的立體變化；磚牆就地取材，是閩南式的「燕子磚」，室內木質手扶梯等裝飾在當時來說皆極為細緻，而起造房子的工人，據說即是驅來當年俘虜的抗日人士於此勞動。

　　其實昔日佔地寬廣，包含如今的「博愛國小」校地，現

在知事府喝杯露天咖啡，拍照分享，有如人在歐洲。

知事府前的九重葛，
好肥！。

在復原的部份只不過是當年知事府的招待所，稱之為「御泊所」，日本大正十二年（一九二三年）皇太子裕仁親王（後來的昭和天皇）巡視台灣，就曾駐蹕於此；後方設有防空洞等戰時緊急避難所，此係另一側為高級官員宿舍區，防禦工事自不可免，我聽當地人說，宿舍區內有大澡堂一間，如能恢復昔日風華，那就更有看頭了。

台南若論古蹟總數，全台灣台南市只略遜於台北市的一百四十七處，以一百二十八處列名列第二，但就「國定古蹟」來說，台南保存得最為完整，總計為二十二處，遠勝台北城的十二處。

國民政府來台，多年對日抗戰，仇日、恨日的情結未解，許多古蹟不是遭到拆除，便是任其荒廢，對在地人來說，無異是歷史的記憶遭到消磁和刪除，文化底階層的最根本的基礎被連根拔起，知事府亦難免命運多舛，先後作為臺南市地政事務所、民防指揮所、東區區公所、臺南市機關員工消費合作社聯合社等，最後索性用鐵皮籬巴圍起來，變成了倉庫，如今一點一滴的恢復，我是因為穿梭在大街小巷中，仔細觀察，或請教當地鄉親，才逐漸拼拼湊湊出一幅府城的滄桑歷史地圖來。

鄭氏王朝是苟安，三代即已降清；康熙收回台灣，久不設治，視台灣「裸體文身，不足共守」；甲午戰爭，更是棄之如敝屣；國府來台，台灣成了「反攻跳板」、「復興基地」，奢談長治久安；反倒是日人奪取本島後，雖是為了殖民壓榨的目的，乃不得不戮力建設，如今來看，卻是留下了豐盛的文化資產，郎叔和我上天下地的縱橫古今，結論就是沒有文化厚度，哪來的文化創意，更別談什麼軟實力了。

用手機拍了影片來和大家分享：

台南市東區衛民街1號
電話：06-2362429
營業時間：10:00-18:00
週一休館

這一味，姑且呼之為「陽春摵仔麵」

台南老黃陽春麵

其實到老黃家吃碗陽春麵，
跟去李安家巷口那攤川人伯伯吃麵一樣，
講台語就好了，台南沒有像台北有些人自認是不同族群的「外省第二代」，
先來後到，台語都一樣很道地，口味也很台，因為大家都是台南人……。

　　國際大導演李
安成長於台南，有一
回返鄉，一大早就到
從小吃到大的巷子口
那攤陽春麵找回老滋
味，這家麵攤從此一
夕爆紅，天天大排長

老黃陽春麵，山東麵條
鋪以滿滿一層肉燥，陽
春也乎？。

龍，儼然變成台南最有名的好萊塢麵攤了！

　　如此盛況，延續很長一段時間，我偶爾經過，看那對
鬢髮俱白的老夫婦忙得不可開交，也實在有點於心不忍，台
南的網友遂有人挺身而出，在網路裡大聲疾呼：台南許多人
的老家巷子口都有麵攤，不必一定要統統擠到李安家的巷子
口去！陽春麵有一種魔力，狀似簡單，實則能變幻出萬千口
味，深植人心，人們離鄉背井日子久後，伴隨著長大成人的
那家巷子口的麵攤，就有如蓴羹鱸膾般的令人思念不已，只
是李安有他的人生過程，吃過他家巷子口的陽春麵，不必然
等同於嚐到大導演生涯的滋味吧？

　　「陽春」二字為外來語，但早已成為台灣口語的一部
份，約等同於初邂逅時台灣人所說的湯麵、清湯麵或「摑仔
麵」（俗誤作「切仔麵」）。前者起源於中國，後者據傳始創
於日治時期台北蘆洲人周烏豬，不過對台南人來說，這種比
擬不是很精確，因為台南的陽春麵多少放上兩片香甜佐味的
精肉或鋪上一層當日現炒的肉燥，一旦到台北，一般所謂陽
春麵一眼望去，就真的童山濯濯很陽春了。

　　其次早期「陽春麵」，台南人稱之為外省麵，是相對意
麵、油麵的區別；台南人吃陽春麵且是一大早就來光顧，如
我要說的這家「老黃陽春麵」早上五點開張，暗頭時分收

攤，入夜就不做了，遑論夜宵。

　　或許是在台灣美食之都的緣故，老黃家的麵條雖由隨國府來台的山東人所精製，以高筋麵粉為原料，用老麵發酵，香Q彈牙，而生鮮肉燥或香味撲鼻的麻醬，在我看來則是遵循本土的古法，每日熬煮一大鍋，當日使用的份量放在鋼鍋裡，剩下的儲在陶罐裡沈澱積存，待隔日午前食用，這般講究，似乎一點也不「陽春」，所以這種本、外省，芋仔番薯的做法，姑且呼之為「陽春摵仔麵」吧？

　　還有一味是為我的最愛，麻醬麵是也。未待欺身靠近，便香聞十里，麵條上的麻醬和肉燥，老闆重手鋪陳，拿起筷子翻攪沾黏後，狠狠的嚼一大口，這才叫齒頰留香是也！

　　其實到老黃家吃碗陽春麵，跟去李安家巷口那攤川人伯伯吃麵一樣，講台語就好了，台南沒有像台北有些人自認是不同族群的「外省第二代」，先來後到，台語都一樣很道地，口味也很台，因為大家都是台南人。

用手機拍了影片來分享：

老黃陽春麵
台南市府前路一段38號
電話:06-2412099
營業時間: 05:30-18:30

李安吃過的麵店變好吃了？
韋家陽春麵

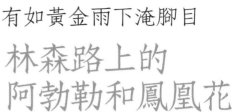

有如黃金雨下淹腳目

林森路上的
阿勃勒和鳳凰花

當我在閱讀葉石濤的文學創作時，他曾經描述台南是個「森林之都」，如今除了保留部份百年參天老樹外，在老城區則不復當年鬱鬱蒼蒼的模樣，日治時期結束後，國府來台，毀在地方首長的手裡甚多，殊為可惜。

然而近二十年來在新道路的開發上，行道樹的栽植逐漸獲得重視，林森路的開闢，部份規劃出栽植阿勃勒和鳳凰花交錯的路段。阿勃勒又名「黃金雨」或「金急雨」，以其開花時有如從天上降下串串金色的雨滴為名，不過花落後，則結成長圓筒的莢果，遠望就成了俗稱的「豬腸豆」了。

阿勃勒和鳳凰花開交替的時節是我的最愛之一，穿過林森路，紅黃之間相互爭艷，心情都隨之熱情起來了。

輯 Ⅴ

退隱

安平

不足為外人道也的桃花源

安平古堡是台南著名的觀光景點，又稱「紅毛城」，「紅毛」者，荷蘭人也，但我曾到阿姆斯特丹去旅行，卻鮮少遇見「紅毛番」，那又為什麼先民會用「紅毛」來形容荷蘭人？我聽專家說原來是要從東印度公司來台，頭毛長期在海上吹拂，才呈現紅色的模樣來。

安平一帶也是鐵馬族的最愛，踩車來到這裡，尤其在鳳凰花開的季節裡，景色最是怡人。其實初到台南，我很早就在安平逛得不亦樂乎了。放風爭、賞落日、訪古蹟、尋覓美食，在大街小巷裡穿梭，連里長也認識了，有趣的是，我有一些在前朝為官的朋友退了下來，也選擇台南安平落腳慢活，從而新增了許多私密的景點，這些私地圖，當然就是桃花源，且「不足為外人道也」。

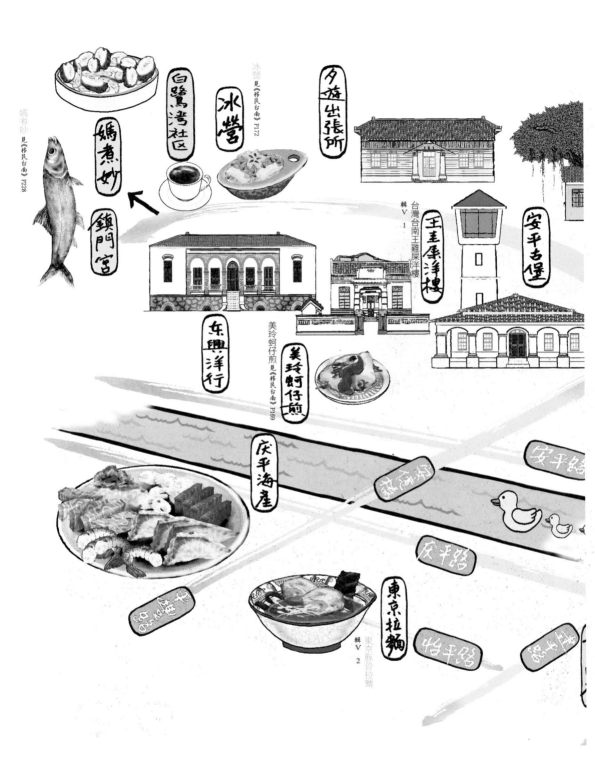

媽煮妙
見《移民台南》P228

白鷺灣社區

冰營
見《移民台南》P172

夕遊出張所

媽煮妙

鎮門宮

冰營

台灣台南王雞屎洋樓
輯 V 1

王圭屎洋樓

安平古堡

東興洋行

美玲蚵仔煎
見《移民台南》P169

美玲蚵仔煎

慶平海產

安平路

鹽水街

慶平路

東京拉麵

怡平路

東京豚骨拉麵
輯 V 2

安平非觀光私地圖

樹屋

德記洋行

助仔牛肉湯
見《移民台南》P40

限

桃花紅
桃花紅酒家菜
輯 V 3

市政府

府前路

點根菸來，告訴你一則鄉野奇談
台灣台南王雞屎洋樓

王圭屎生前是位鹽商，承包日人鹽業公司的大宗擔鹽搬運工作，
鄉下人來此自願擔任苦力者絡繹不絕，王家便天天開著流水席，
來者先飽餐一頓再說，因此逐漸累積財富，
王圭屎於一九三七年（昭和十二年），
以一年的時間建築洋樓，成為當時安平的地標……。

台灣「菸害防止法」甫通過時，台南發生一則趣聞，原
來安平「西龍殿」裡奉祀一尊小神，名為王圭屎，上香祭拜
時，最好是點根香菸以示崇敬，廟公說，因為王圭屎生前是
個老菸槍，幾乎菸不離手，所以神前香爐總是一根接一根的

不停燃燒，如此在密閉的寺廟空間裡煙霧遼繞，自屬觸法，執法人員欲前來取締，卻引發軒然大波。

　　這事後來不了了之，一日，我來安平繞過「原德商東興洋行」，逛進「西龍殿」，就和當地的里民在廟前廣場喝茶閒

我故意畫成日治時期的氛圍，想像當年的榮景。

山牆上的勳章飾，塑工精緻。

聊，廟旁的洋房是著名的古蹟－王圭屎洋樓，我就是來打聽昔日的故事。

西龍殿主祀代天巡狩池府千歲、蕭府五大帝、曹府三大帝、蒼府千歲、石府千歲、張府千歲等，陪祀為閭山法主和註生娘娘，而王圭屎之所以被抬上紅櫃桌上，據說是有回乩童起乩，自稱是王圭屎，在廟前白虎邊的上頭有一匾額即為王圭屎所提，足資證明，因此廟方即塑王圭屎頭頂瓜皮帽、著唐裝，手持長管刁煙神像，供人膜拜。

王圭屎生前是位鹽商，承包日人鹽業公司的大宗擔鹽搬運工作，鄉下人來此自願擔任苦力者絡繹不絕，王家便天天開著流水席，來者先飽餐一頓再說，因此逐漸累積財富，王圭屎於一九三七年（昭和十二年），以一年的時間建築洋樓，成為當時安平的地標。

鹽業在台南古早時代是重要物資，現在位於「公會堂」後方，年輕人愛去的「吳園」為那時候配銷今臺南、嘉義地區的「吳恆記」食鹽販館致富的吳尚新所建，當時又稱「樓仔內」，由於規模宏偉，一時間百姓傳頌：「有樓仔內的富，也無樓仔內的厝；有樓仔內的厝，也無樓仔內的富。」

台灣人名字中有諸如「屎」的不雅字眼，大抵是出生時命理中八字帶剋夾煞，怕天公收了性命去，乃取個賤名，比較容易逃過劫數，不過這王圭屎終究是個人才，只是「圭屎」台語唸來正是「雞屎」，他的豪宅，當地居民就乾脆呼

為「雞屎」樓。

　　當時日本人也喜歡來此聚會，以東興洋行在日治時期為「安平派出所」（一九二〇年），我見過一九四五年安平壯丁團（相當於如今的義警）、日警和右手拿帽左手叼煙，站在前排的王圭屎全體合影。

　　王圭屎是見過世面的，他還曾在一九三五年於參加日治台四十周年紀念博覽會上在外草山分館前留下身影，頭戴呢帽，身著西裝，腳踩皮鞋，身材矮胖，但看來似乎頗有威嚴，如今羽化登仙去了，我奉上香菸後，仔細端詳神偶，覺得和他生前時髦新潮的形象實在差之千里。

　　雞屎樓的建築形式屬「和洋折衷」，又帶有新藝術的風格，分前後棟不同時期建置完成，外部牆面與山牆均表現出慢工出細活的功夫來；廁所有別於漢文化閩南式建築，很衛生的置於室外，且裝修豪華；門前有幾座長條石椅，係當時海上往來的船隻的壓艙石。

　　太平洋戰爭時，美軍轟炸台灣，雞屎樓太過醒目，便以柏油漆成全黑，至今仍呈柏油脫落後的部份殘跡。

　　我曾遇見王圭屎的媳婦，獲准入內參觀，內部裝潢品味不俗，卻聽聞許多寶物曾遭偷竊，不禁有昔時王謝堂前燕，飛入尋常百姓家之歎。

　　洋樓附近的觀光景點「夕遊出張所」是日治時期臺南地區專賣局鹽務課所管的四個分支機構之一，負責管理食鹽的收納、銷售、檢查及其他相關事物。換句話說，安平當初是台灣的重要鹽業工業區，只是我年過半百，現在讀書都不求甚解，遊山玩水，心適就好，仁民愛物無窮事，自有周公孔聖人。

我用手機拍影片和大家分享：

台南市國勝路35巷2號
不對外開放

凍挑叉綑滷，用心做出來的拉麵叉燒肉！

東京豚骨拉麵

日本拉麵的製作，叉燒是重要的一環，
我和台南「東京豚骨拉麵」的黃老闆嫻熟，乃可排闥而入，
走進廚房裡窺其奧妙，我不是要學廚藝，
而是要看製作過程裡店家的用心……。

　　叉燒肉取豬之五花肉，捲成條狀，以綿線綑綁成圓條狀，如此外觀得以固定成形，熬煮時不易碎散，且可使肥瘦肉、油脂分明的五花肉結構溶成一體，口感才能錯綜變化；滷製叉燒肉主要是用醬油，但滷成後的醬汁則可以成拉麵的湯底。

　　台南「東京豚骨拉麵」的做法其實很「厚工」，精選上等五花肉後要經過凍、挑、叉、綑和滷的過程，非常繁複：

凍：凍肉使用油脂與肉初步緊密結合。
挑：挑去筋紋，才不會吃到硬筋。
叉：用鐵製尖叉戳進肉裡，成為綑綁時的支架。
綑：捲成條狀綑綁。
滷：放進滷汁裡熬煮二十四小時。

　　所以賣拉麵真的是賺辛苦錢，但時下流行連鎖經營，有無遵此古法則不得而知了。

　　順帶一提，「五花肉」台灣人說「三層」，所謂「五花」

指的是第一層豬皮、第二層豬油、第三層薄薄一層瘦肉、第四層又是豬油，第五層為入裡的精肉部份，台灣人不把豬油算進肉裡，直呼為「三層」，簡潔有力。

台南東京豚骨拉麵綑好的叉燒肉條。

我把「東京豚骨拉麵」的叉燒肉做法製作過程用手機拍了下來分享：

台南市安平區怡平路25號
電話：06-2979977
營業時間：11:00-22:00

輯V—3

有請李昂體驗酒家人生

桃花紅酒家菜

「桃花紅大酒家」裡飄茵落溷陪酒的「阿姨」們，
雖風韻猶存，風華已不足以撼動男人家中賢妻的正宮地位，
只是世面看多了，比年輕的啦啦隊員們還懂得如何飲酒助興，
而我們這群朋友更是老婆大人也帶來一起開眉展眼……。

作家要經常體驗不同的人生，捕捉浮生百態。李昂有回來台南找我，適逢有位江湖大哥擺宴招待，就在有名的「桃花紅大酒家」，我自幼在酒家裡成長，早已耳濡目染，婻某則在嫁入門後，便也習以為常，然而李昂卻興緻勃勃，特別去高雄發表一場文學演講後，再繞回來專程參加。

「桃花紅大酒家」裡飄茵落溷陪酒的「阿姨」們，雖風韻猶存，風華已不足以撼動男人家中賢妻的正宮地位，只是世面看多了，比年輕的啦啦隊員們還懂得如何飲酒助興，而我們這群朋友更是老婆大人也帶來一起開眉展眼，總之，「那卡西」請來，一夜歡唱，賓主盡歡而已，而女性踩酒家也照樣獲得細心侍候，服務精神可嘉，其中，我倒是對「酒家菜」留下了深刻的印象：

先來一盅高山冷茶，上菜後「魷魚螺肉蒜」是必備，香腸熟肉拼盤（內含蝦捲、三色蛋，粉腸、烏魚子、八寶丸、手工醃肉香腸等）、刺瓜丸湯，金瓜炒米粉、白斬放山雞、貴妃魚翅，其餘記不得其華麗菜名者還有筊白筍、石斑、蒜肉等等，當然亦有精緻甜點，所有手路，全遵古法為之。

傳統酒家必備的魷魚螺
肉蒜。

　　有研究美食者，認為台南的「辦桌菜」的前身就是「阿
舍菜」。阿舍者，根據《台灣大百科全書》的記載，原為鱸
鰻精，但不幸為邱員外所害，乃投胎轉世為邱家少爺，要來
敗光邱家財產，其揮霍敗家之道，就是每天上酒家享受美饌
佳餚，這就流傳出所謂阿舍的酒家菜。有一回，台南市府還
請人來重現當年阿舍或者說酒家菜的風華，以追憶當年府城
富貴人家的生活。

　　「那卡西」則源自日本的流動式走唱的行業，而台灣起
源於北投的溫泉鄉，最初以東瀛「三味線」或閩南的「南

桃花紅大酒家拼盤之一。

酒杯。

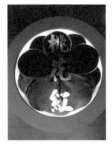

管」為演奏樂器，隨著時代的衍變，轉為手風琴或吉他等，著名的「金門王」、李炳輝就是出身於此，我在電視台任職時，還曾經特別加以報導，最後電子琴發明，於是變成一人一台即可「鑽呷」了；「那卡西」的樂手必須記上成千上萬首樂曲，客人點歌，須於瞬間找出曲譜，遇有唱得荒腔走板者，又須適時加入伴唱，拉回正軌，當年我製作訪談節目，就索性找來「那卡西」樂手長駐節目中演出，亦不無保存本土文化的用心在。

　　不只酒家，其實作家李昂對形形色色的人生所知甚多，只是罕見府城聲色犬馬的場所，不過這可不是夜夜笙歌達旦，機緣儻來，心適就好。

桃花紅酒家第一回去，用手機拍了影片分享：

台南市安平區建平路271號

您聽過「爛鱝欠打債」嗎？
我終於目睹爛鱝這種魚了！

爛鱝

台語博大精深，這「爛鱝」的爛，不是Lousy的意思，
是上等的魚丸製材，烹煮前，要用力拍打魚身，使之堅韌，油煎起來，
才會香Q好吃，其實是製作魚丸的上等食材……。

台語博大精深，這「爛鱠」的爛，不是Lousy的意思，是上等的魚丸製材，烹煮前，要用力拍打魚身，使之堅韌，油煎起來，才會香Q好吃，其實是製作魚丸的上等食材……。

不過「爛鱠欠打債」這句話則有負面意義，指的是恁爸看你很不順眼，就想提你來啪啪啪的毒打一番。

這些解釋我是十數年前從台南的水產博士林明男教授那裡學來的，後來我在網路裡發現他正式發表了：

爛鱠：肉食性魚類，外形佮虱目仔足相像，嘴若鱸魚。「爛鱠欠拍債」，魚丸上等材料。

學會了這句話，我要在將近二十年後，才真的看見爛鱠這種魚，那天是在鹿耳門的「鎮門宮」，照當地人的信仰，是國姓爺賞賜的，也正好我帶了手機，於是將影像全都記錄了下來和大家分享。

台語是台灣人生活價值的一部份，我能做的，就是留下影像，讓子子孫孫們了解這些語言的來源，所以把你的手機帶好，記得要錄影存證。

手機錄影分享：

鹿耳門鎮門宮
台南市安南區媽祖宮一街
345巷420號
電話：06-2841162
開放時間：05:30~18:00

出城去

東豐路上的木棉花開
城外美食推薦

還記得木棉道這首民歌嗎？
台南東豐路上的木棉花開

　　每年到了木棉花開的季節，台南東豐路居然也變成一個景點，許多愛好攝影的朋友們都會跑到這裡來捕捉鏡頭，我當然也不能免俗，只是攝影之外，我總有股衝動要把這片美景繪畫出來分享；年輕時有首民歌，歌名是《木棉道》，乃歌手王夢麟的成名曲，不過歌詞裡木棉是「夏天」燃燒開花的，如今地球氣候變了，在台南，花季則大約是三、四月間了。

　　三、四月間也就是春天降臨，最適合踩著鐵馬到處遊走，只不過常是愈騎身材愈形發胖，還不是因為台南的小吃太豐盛了，走走停停，老是聞香下馬。其實台南人心中有兩張美食地圖，一是招待來客，講究氛圍或圖個便利，另一則為在地人輕車熟路常去光顧的店家，我花費了許多時間，在前輩和朋友們的引領下才慢慢的拼出這張「在地饕家美食私地圖」，我經常輪流去交關，慢慢的也和店家熟絡起來了，老實說，和老闆不熟也不敢推薦，必得知曉他們的工作精神，否則就怕壞了我的「信用」，不過眾口難調，這張私地圖當然是個人非常主觀的認知，如果喜愛為了一張嘴，跑斷兩腿，那就盍興乎來？

美食野戰去也！

台南鹽水豆籤羹

豆籤可久煮不爛，所謂「千煮豆腐，萬煮豆籤」，
水滾後放入豆籤，還要沸騰個二十來分鐘才會更香甜。
泉州的傳統豆籤羹，我記錄過一小段：五花肉切絲，香菇水發切絲，蝦米泡開，
青蔥切成丁狀，蔥白切成珠狀，依序加入，即成一碗香甜可口的豆籤……。

　　住在台南老市區內，為了一張嘴跑斷兩條腿，遍嚐美食
仍不畏貪多嚼不爛，乃飛奔到鹽水區去尋覓新味，我呼之為
「野戰」，是繼多年老城巷弄裡地毯式巷戰之後，再擴張版
圖，秉旌仗鉞，出城遠征去也。

　　豆籤，正式的漢字為「豆籤」，最初的做法係中國泉州
一帶的安溪，其實是窮人的食物，但後來卻衍變一道廣受歡
迎的庶民小吃。

　　從前安溪人迫於生計，遠赴南洋討生活，返鄉時帶回
一種「番仔豆」，因其味美，吃不完的便留下來做成豆籤，
這豆看來應是白米豆，後來也可將九月豆、豇豆，或豌豆、
綠豆等如法炮製，製程很麻煩，要經過調粉、攪拌、糅合、
碾壓、切絲、折疊、曝曬等十幾道程序，最後的切絲也很重
要，一定要切得絲絲相連、既勻且細才算合格。

　　豆籤可久煮不爛，所謂「千煮豆腐，萬煮豆籤」，水滾
後放入豆籤，還要沸騰個二十來分鐘才會更香甜。泉州的傳
統豆籤羹，我記錄過一小段：五花肉切絲，香菇水發切絲，
蝦米泡開，青蔥切成丁狀，蔥白切成珠狀，依序加入，即成

鹽水豆籤羹和製造原料
米豆。

一碗香甜可口的豆籤羹。

　　豆籤羹傳入台灣，我先後在基隆廟口夜市嚐過，但就地
取材，在基隆，加入蚵仔、蝦仁、花枝等海味，頗受歡迎，
早已和中國的泉州大異其趣。只是我曾在YouTube上看過阿
基師煮豆籤羹，號稱很古早的做法，絲瓜為主配料，蝦皮、
蝦米為佐料，再以糯米粉牽羹（勾芡），這一味就是我的媽
媽的味道啊！

　　台南鹽水曾經是台灣的重鎮，古稱「月津」或「月
港」，以其地形略彎，形似新月得名，古有所謂「一府二鹿

三艋舺四月津」之稱，可見鹽水也曾一度是台灣繁華的重鎮。

鹽水豆簽羹頂港有出名，下港有名聲，盛名在饕客之中也不輸給蜂炮。按照鹽水區公所官網的介紹：

鹽水牛墟開創以來，營業日固為每月一、四、七日，台灣光復時，鹽水區菜市仔口有個小吃攤，攤名就叫做「一四七」，老闆叫陳水傳，他便是鹽水豆簽羹的創始人。

陳水傳以豆簽加虱目魚、蚵仔、鹹瓜、甘藷粉及蔥蒜酥烹製成的豆簽羹，雖贏得顧客交相讚譽，唯大家總嫌豆簽吃起來澀口，腦筋靈敏的陳水傳立即與豆簽供應商商量改良方法，後來經由陳水傳的建議，在米豆分主添加鴨蛋，製成的豆簽果然不澀，且更香甜有營養，於是陳水傳的豆簽羹便更膾炙人口。

這段文字說明了當初經由陳水傳的創作，豆簽羹更是滑口有嚼勁，早已和泉州不同，如今品味時再加入少許烏醋，則風味更佳！

朋友來找我，經常詢問要多久時間才能遍嚐台南大大小小的美食？我看他們也不過來了兩三回，每回也住了個兩三天，所以實在不願潑他們冷水，但您不過在老市區裡拚戰罷了，猶屬井底之蛙，現在的台南市東到中央山脈，西到台灣海峽，南接高雄，北銜嘉義，要著野戰服和我出征去，先把當下的那碗吃掉吧，再住個三、四個月，說不定就可以出發了。

用手機拍了影片分享：

台南市鹽水區朝琴路16號
電話：06-6528437
營業時間：14:30-18:00 (賣完就收)

庄腳所在的涼麵

新營阿忠豆菜麵

新營這家「阿忠豆菜麵」故事落落長，據說是一位寡婦蔡菊女士為了養育幼兒，
先在民治路上挑擔叫賣，後來人們憐其辛勞，
乃在縣府旁的空地挪出個位置讓她營業，
如今的「阿忠豆菜麵」就是兒子張正忠長大後繼承衣鉢，
繼而發揚光大的，現在則是好大一間店面，來客絡繹不絕……。

新營豆菜麵其實也算一
種涼麵。

從前在台北，我所經營的一家動畫公司臨近「遼寧夜市」，有家攤子賣的是自稱來自新營的「豆菜麵」，攤上一大盤冷麵，老闆見著我來了，就將冷麵捲起，拌上豆芽，再淋上醬汁，我乃大口大口的吃將起來，盛夏之際，尤為清爽可口，滋味和一般常見的芝麻醬拌的涼麵不同，我心裡暗忖：「這才應該是正港台式涼麵吧？」

吃豆菜麵，也可不食豆芽菜，成其為豆菜麵耶？

豆菜麵大約起源於嘉義、台南交界處一帶的鄉間庶民食物，以早期食材取得不易，因此需要注意存放時間、容易料理和價格能為一般普羅大眾所接受者為優先。新營這家「阿忠豆菜麵」故事落落長，據說是一位寡婦蔡菊女士為了養育幼兒，先在民治路上挑擔叫賣，後來人們憐其辛勞，乃在縣府旁的空地挪出個位置讓她營業，如今的「阿忠豆菜麵」就是兒子張正忠長大後繼承衣鉢，繼而發揚光大的，現在則是好大一間店面，來客絡繹不絕。

眾口難調，當然也有人遙指正宗的豆菜麵開基祖乃在何處云云，質疑我有所偏頗或認知有誤，這總讓我啼笑皆非，我一再強調我不是美食家，何必為了一張嘴跑斷兩條腿？更不是記者，有聞必錄，所以撰寫美食，爾愛其羊，吾愛其禮，豆菜麵令我感到興趣者，其實是當地基層人民的生活文化，從而推斷當時的社會狀態。其次才是烹調之道，豆菜麵要麵Q彈牙自不在話下，醬汁乃將醬油先用水煮過，使其不

會過鹹，再加入搗過的蒜頭，最終以甘草汁使其滑舌溜口，如此用心，就是我所要追根究底的工作精神了。

　　新營是往昔縣府所在，與清代大港鹽水交界，因日治時期的鐵路縱貫線開闢設車站而比靠海的鹽水更為繁榮，這滄海桑田，除了歷史遺跡外，飲食文化也是還原當初時代氛圍的重要依據，我所走尋的則是透過美味，通往昔日基層人民生活的況味了。

　　鹽水也有一味以豆製成，豆籤羹是也，這是自中國泉州安溪一帶傳來的製作方法，原料為米豆，而米豆則又是安溪人下南洋「落番」後取回的食材，伴隨著先民渡海來台，這峰迴路轉的屈屈折折，邊吃邊說起故事來，饒富趣味。

　　豆籤羹和新營的豆菜麵等都極具地方特色，價錢又便宜，自然以小攤位的方式販售。又有友人說我怎麼老是吃些路邊攤，豪華餐廳多數付之闕如？

　　重裀而臥，列鼎而食的日子，過去我見識多了，大魚大肉，也不過爾爾，如今雲淡風清，方知一碗豆菜麵這才值得大書特書。

用手機拍了影片來分享：

台南市新營區中正路25號
電話：06-6379688
營業時間：04:30-15:00

下回要拎著菜粽去配碗土魠魚羹試試看

新營紅燒土魠二代店

新營是昔日縣府所在，首善邑聚之地，美食也頗有特色：
如豆菜麵、砂鍋魚頭配火雞肉飯、粗糠快火炒鱔魚和土魠魚羹等，
均能做出在地的新意來，其中郭家的土魠魚羹炸出來的魚塊，
大箍大碗的端出來，勾芡甜度適中，是在地人的最愛，最近郭家人又起爐灶，
稱「新營紅燒土魠二代店」，年輕人經營，嚴遵祖傳口味之外，
衛生和店面美化則講究許多了……。

　　台南有兩則漁產和鄭氏王朝的著名故事，一則是關於「虱目魚」，另一則是「土魠魚」。

　　虱目魚之所以呼之為「虱目」，據傳是因為鄭成功來台灣，人民獻上這味生鮮魚產，國姓爺不識此味，食後驚為人間極品，竟脫口而出：「這是什麼魚？」老百姓以為「什麼魚」就是這位新統治者要取的魚名，北京話「什麼」近似台語語音「虱目」，從此以後便以「虱目魚」為名。

　　鄭成功為東瀛女子所生，寄養於日本武士家庭，一輩子也只打到南京、鎮江一帶而已，當時沒有推行「國語運動」，並無講方言被罰錢的事，所以理當不會用拗口的京片子來講話，這段「軼聞」被地方政府拿來跟觀光客「畫虎爛」，淺顯易懂，承接中國五千年堯舜禹湯文武周公之道統，倒也滿容易將外來者唬得一愣一愣的。事實上，查諸《維基百科》等文獻史料，簡單說，「虱目」應該是源自於當時外來的西班牙或原住民西拉雅的語言。

　　土魠魚傳說是擊敗鄭氏王朝的清水師提督施琅的最愛，因提督酷嗜此味，乃以「提督」魚為名，逐漸轉音為「土

魠」。這我比較相信，施琅是福建晉江人，我嘗到當地遊歷，那裡的人講起閩南話好似嘴裡含顆大滷蛋，濁音甚濃，「提督」唸起來就好像「土魠」，不信下回咀嚼土魠魚羹同時含入一顆蛋，試著拼音看看像不像，真的，我可不是畫虎爛。

　　台語有句話說：「白腹仔假土魠」，白腹仔和土魠均屬鰆魚中的近親，但土魠魚的價格則高出許多，兩者皆可做魚羹，前者打成魚漿，是浮水魚羹的一種，後者須大塊厚實的處理，以番薯粉放入豬油中油炸，這才能香氣四溢，口感豪邁，所以雖同屬馬加鰆，但等級不能相提並論。

新營紅燒土魠二代店，
大箍大碗的賣。

土魠魚羹亦有切成細長條狀者，台北尤其常見，但不知為何總嫌力道不足，毫無嚼勁可言。台南也有人大概是去上了小吃烹飪補習班課程，亦如法炮製，我嚐過一回後，從此拒絕往來。

新營是昔日縣府所在，首善邑聚之地，美食也頗有特色：如豆菜麵、砂鍋魚頭配火雞肉飯、粗糠快火炒鱔魚和土魠魚羹等，均能做出在地的新意來，其中郭家的土魠魚羹炸出來的魚塊，大箍大碗的端出來，勾芡甜度適中，是在地人的最愛，最近郭家人又起爐灶，稱「新營紅燒土魠二代店」，年輕人經營，嚴遵祖傳口味之外，衛生和店面美化則講究許多了。

馬加鰆魚，台南安平人簡稱「馬加」，「鰆」字意謂春天來的魚，實則土魠魚以冬至前後澎湖捕獲者為最佳，一般魚羹所用者為遠洋冷凍漁貨，而土魠魚雖為府城招牌小食之一，實則層次有高低之別，我數年來肚腩裡也已不知消化多少碗了，只是令我留下深刻印象，且願提筆誌之者並不多，惟今尚有一味，遍尋不著。

台灣文學先輩葉石濤在他的文學作品小說《脫走兵》裡提到一句話：「水仙宮的菜粽並沒有特別出色之處，可是配以一碗風味絕佳的紅燒土魠魚羹，那麼那味道之美不下於任何珍饈野味。」這聽來真是遊心駭耳，不禁神往，如今水仙宮還在，但菜粽攤已不知何所之？而吃菜粽配魚羹，非但我孤陋寡聞，亦遍尋不著，心想不如在城裡買兩個菜粽，乾脆拎到新營去配這魚羹，試著還原葉老小說中的滋味吧！

用手機拍回影片來分享：

台南市新營區中華路57號
電話: 06-6330055
營業時間: 10:30-19:30

輯Ⅵ—④

百年關子嶺溫泉，香菇蛋迎賓！

香菇蛋

「香菇蛋」來頭大，

據聞是一九一四年台灣總督佐久間佐馬太巡察關子嶺時，

下榻「聽水樓」，鄉民以本產香菇、土雞蛋、玉米鬚，

佐以漢藥配方精心滷製而成，做為歡迎總督駕臨的點心，

由於口感實屬彈牙，綿密可口，

乃驚為珍饈，從此成為招待貴賓用的御點，

一九三三年日本伏貝宮親王賜匾「飄香百年」掛在聽水廳上，以誌留念……。

這一鍋要滷製八小時，隔日再來一回，這才能端出去賣。

每年冬天來臨，偶遇可能酷寒的天氣，台南日夜溫差大，我就會上關子嶺去「泡湯」，「泡湯」一詞不知從何而來？有貶意，事情搞砸了才叫「泡湯」，而溫泉日文漢字作「溫泉」（おんせん），「湯」字實指熱水或等同台語的燒水，所以「泡湯」是「國語」加上錯用日語的產物，不知所云，台灣人則直接說「洗溫泉」。

最好的路線是趁白晝氣候暖和，先走一七四線接一七五線，從南向北，迤邐徐行，先到東山去喝杯庭園咖啡，偶遇路邊農民販售南寮橘，亦可停車暫借問，三不五時，時間充裕，則駐足觀賞浴線美景，然後在暮色降臨前抵達關仔嶺。

洗溫泉之前，不宜飽食挺個大肚腩入湯，有礙消化，所以滿山滿谷的甕仔雞我實在不感興趣，倒有政治人物蔡英文、藝人陳漢典等名流最愛吃的一味「溫泉香菇蛋」，由顏恆通、林秀琴夫婦所經營，幾年來經常交觀，已是熟絡的老朋友了，因此必來造訪，淺嚐若干八分飽後，再朝浴場行去。

「香菇蛋」來頭大，據聞是一九一四年台灣總督佐久間佐馬太巡察關子嶺時，下榻「聽水樓」，鄉民以本產香菇、土雞蛋、玉米鬚，佐以漢藥配方精心滷製而成，做為歡迎總督駕臨的點心，由於口感實屬彈牙，綿密可口，乃驚為珍饈，從此成為招待貴賓用的御點，一九三三年日本伏貝宮親王賜匾「飄香百年」掛在聽水廳上，以誌留念。

這一味本已失傳，顏氏夫婦詢之地方耆宿，還原傳統製法，再精心研發，嚴挑「處女蛋」（台語可能作「室仔卵」），以溫泉水深層浸泡，再用本地產出、自家乾燥的香菇，增益甜味且利尿的玉米鬚和秘製配方連續二天，每日文火滷製八小時後才放到店前販售。

　　香菇蛋之外，近年來又開發了豆花一味，調製配料計有花豆、花生、綠豆、紅豆、地瓜、梨、杏仁、子仔、野果、珍珠、薏仁、仙草等任君選擇。

　　關子嶺溫泉的開發，在日治時期和四重溪溫泉、北投溫泉、陽明山溫泉並稱台灣四大溫泉。到了二〇一三年屆滿百年，由顏恆通出任溫泉協會的理事長，便極力向我推介溫泉活動的相關訊息，其實我也蠻喜歡來這裡聽他說些往事軼聞，這些點點滴滴逐步拼出當年吳晉淮歌曲《關子嶺之戀》：「嶺頂春風吹微微；滿山花開正當時；蝴蝶多情飛相隨；啊娘呀對阮有情意；啊……正好春遊碧雲寺……」的情景來，洗過溫泉之後，拂石坐來衣帶冷，踏花歸去馬蹄香。

用手機拍回影片來分享：

台南市白河區關子嶺41之5號
電話: 0933-669759
營業時間:平日11:00-21:00
假日 10:00-22:00

不能封裝的東山咖啡香

瑪哩咖啡

喝咖啡賞美景，我既乘興而來，便隨遇而安，幾處熱門景點都曾去過。
「瑪哩咖啡」的地點緊挨路邊，
正好為大凍山、大獅嶺和崁頭（頂）山所圍繞，層層山巒間……。

　　台南到了十一月份，便會開始舉辦東山咖啡節，這個時節，水氣足，山嵐雲湧風飛，變化萬千，相看兩不厭，再加上桂花盛開的季節，有著那種漫步在雲端，置身香氣撲鼻的花園裡，此時啜飲著手中濃郁的咖啡，彷彿置身在仙境裡。

　　南寮滿山遍野的椪柑也在這時候結成翠綠的果實，和紅色的咖啡豆交織成「咖啡紅了，橘子綠了」的景象。

　　妼某和我每年都有如候鳥信魚般準時來報到，沿一七五線的「咖啡公路」，隨興拜訪咖啡店家，在日落前離開，又驅車前往關子嶺泡溫泉，如此便可以祛風解鬱除百憂，但這條私房路線很難和汲汲營營賺大錢的人們分享，他們很少能有閒情逸致上山去。

　　東山的緯度和著名的極品咖啡產地藍山差不多，只是高度較低，日治時期，在這裡曾引進阿拉比卡品種試圖培養咖啡樹苗，旋因戰事並未大量生產。地方上的人告訴我，那些被閒置的種苗在野地裡繁衍起來，再加上鳥兒銜啄果實，逐漸在「咬人狗湖」（「咬人狗」是植物名）鳥兒棲息的封閉盆地淡開來。

　　老縣長陳唐山愛爬山，有一回來到這裡，發現了咖啡樹，於是要農民試作，當時包括如今的「丹品」、「大鋤」和「黃世賢」等店家都是原本在附近世代耕種的住民，起初也不懂得烘焙之道，甚至用酒研來碾磨，用煮菜鍋來炒豆子，過了一段時間，陳唐山又來，初嚐部份實驗成果，驚為極品，於是開展了東山咖啡的經濟農作事業。

　　咖啡此物在地新鮮就勝出進口的了，曾有人送我幾包頂級東山咖啡豆，一拆開就香氣四溢，真想拍一段「開箱文」來分享；也有內行人和山上的農家交好，每年的盛產季節大量採購，裝回來請台南一些烘焙專門店處理，分送親友。

十二月份來，水氣足，
山嵐起兮桂花香。

喝咖啡賞美景，我既乘興而來，便隨遇而安，幾處熱門景點都曾去過。「瑪哩咖啡」的地點緊挨路邊，正好為大凍山、大獅嶺和崁頭（頂）山所圍繞，層層山巒間，老闆李憲堂說：「每天的景象都不一樣。」初次邂逅，他正在整地，咖啡香之外也賣「桶仔雞」，兼賣烤番薯、香蕉等，實在不太像一家所謂的庭園咖啡。

後來年輕人回來幫忙了，庭園修整得花木扶疏，咖啡組合也變得很講究，煮好的咖啡端來面前，外加一壺熱水將杯子先行燙過，再緩緩注入咖啡；餐點菜單也迎合了時下都市人的口味了，而燜烤得油香滑亮的桶仔雞仍是招牌，我沒有一回看老李不是烤得灰頭土臉的。

壯歲不歡娛，長年當悔悟。朋友開著雙B休旅車來找我，邀他們上山喝杯咖啡，總是行程排得滿滿的，又是客戶聚餐，又是公司開會，可有袋裝的東山咖啡讓我買回台北慢慢喝？不好意思，且不論鳥語花香，那天上浮雲如白衣，斯須改變如蒼狗，波譎雲詭，我真不曉得如何封裝呢？

用手機拍了影片來分享：

台南市東山區高原里109
之19號
電話：0935710599
營業時間：10:00-19:00

人情世事陪夠夠，無鼎又無灶
廣益魚丸店

「廣益」是老廠（新廠增建中），所以看得見最初機械化的製程機器，
也得見手工捏丸的最後階段，若是完全手工時代，
從製程推想，大抵辦桌的總舖師為了這道虱目魚丸就先去了半條命……。

　　岳父大人在世時曾經帶我去台南的學甲購買虱目魚丸，
一次便是幾大包帶回台北，分贈親友，通常回饋熱烈，再來
索討者，所在多有。

　　岳父是將軍鄉人，地界與學甲接壤，這一帶的地質鹽份
較多，養出來的虱目魚肉質軟中富嚼勁；魚丸早期由手工製
作，右手抓上一大把魚漿，從虎口處擠出小一截，左手掌五
指往內一捏，便是一顆魚丸，擲入一旁備好的水盆裡，以防
粒粒相黏，如此這般，不一會兒功夫，便是一大桶魚丸了。

　　手工製魚丸與機器射出大小齊一成型者不同，最大差異
在呈栗子狀，表面留下一撮尾尖，而內餡則較為鬆軟，並因
手勁力道不會過悍，乃留有孔隙，煮熟後自然湯汁較多，雖
不至於爆漿，也算湯濃汁甜了。

　　岳父撒手人寰後，偶有經過學甲，鮮少逗留，買魚丸當
伴手這件事便無復記憶，而到底從前交關的是哪家，也逐漸
淡忘了。

　　樂活台南後，隨時吃得到虱目魚丸，往事浮現，歷歷在
目，決意專程走一遭，再探究竟，多方打聽，找出老店「廣

益魚丸店」。但要趁早，清晨八點以前一定要趕到工廠，才
能目睹製造過程。

「廣益」是老廠（新廠增建中），所以看得見最初機械化
的製程機器，也得見手工捏丸的最後階段，若是完全手工時
代，從製程推想，大抵辦桌的總舖師為了這道虱目魚丸就先
去了半條命。

首先要將虱目魚的背脊肉碎切，然後放到石舂臼裡用
龍眼木樹枝搗爛，放進另一台漏斗狀的機器，濾心係圓厚鐵
片，中央鑿出蜂巢狀複孔，魚肉過濾後，魚刺便留置在蜂巢
上側，從圓孔而下的魚肉則成一條條的魚麵，再將魚麵倒入

另一台攪拌機，加入白糖、蒜泥、地瓜粉等後，最終從斗口流出一桶桶準備搓揉魚丸的魚漿了。

　　龍眼木心質地極硬，攪動魚漿時，劇烈磨擦也不會刮損石舂臼，而石舂臼的石材大抵是大理石、花崗岩等，堅硬無比。

　　製作魚丸的食材，其實虱目魚近親鰡魚肉質尤佳，以其愈打愈硬，口感彈牙為上品，所以台語有句話說「爛鰡欠打債」，想必是製作魚丸者的心聲，轉化為仇人相見，分外眼紅，磨拳擦掌，準備「舂」（tsing）人之意的俗諺吧？

　　台灣人有句話說：「人情世事陪夠夠，無鼎又無灶。」從前我在台北的生活，平常酬酢不斷，逢年過節，禮尚往來亦不能免，但要面面俱到，實力有未逮，如今在台南樂活，忽然領悟「一生一死，乃知交情；一貧一富，乃知交態；一貴一賤，交情乃見」的道理，忽然清淨許多，人情世事逐漸離我遠去，偶來買買魚丸，一大包，分成若干袋，台南親友分食之，無需回禮，食好逗相報，如此而已。

將魚片濾成一條條魚麵，才能清除魚刺。

用手機拍了影片來分享：

台南市學甲區中正路207號
電話：06-7833241
　　　06-7839025
營業時間:6:00-18:00
有宅配

無紅葉可狩，狩紅蟳去也

豐の海鮮漁府

不管是到北門井仔腳去賞黑腹燕鷗，或者到七股觀海樓賞落日餘暉，

就可以繞道到這家「豐の海鮮漁府」來大塊吃烏魚子、大啖處女蟳，

或者點來蟳糜一大盅，眾人分食，有呷擱有掠，

台南一年好景君須記，最是蟹紅橘綠時……。

入秋之後來台南，氣候最適宜，物產也是最豐富的季節，候鳥都知道要來了，何況是人。

秋蟹最是令人垂涎三尺。秋天到了，我嘗到京都，發現日本人喜歡「楓葉紅於二月花」的生機之感，到了秋天賞楓之際，更有所謂紅葉狩。傳說紅葉的顏色，是楓鬼的血染紅的，背後還有「戶隱鬼女」楓樹女鬼的淒美神話；在台南，無紅葉可狩，那就狩紅蟳去也。

我的「狩紅蟳」之道很簡單，要不就是一桌好友，找家專門料理的餐廳，大快朵頤一番，以賀入秋，天氣轉涼；不然便是三五好友出遊，奔馳在田野鄉間，或賞鳥或觀夕陽，最後一站當然是「代天巡狩」紅蟳去也！

台南的水仙宮有人專賣紅蟳，我曾仔細端詳店家選蟳，翻過蟹腹，使一把小刀輕輕挖開肚甲，也不知瞧些什麼？然後拿到燈下，透光查察兩頭尖的蟹，我在一旁雖然看了半天還是丈二金剛摸不著頭腦，後來又在網路裡學到「五看」：顏色、個體、肚臍、蟹腳和動作，口訣是背了起來，提槍上陣仍是霧煞煞，從此我就奉行選蟳不如選家好餐廳，而人會

豐の海鮮漁府招牌菜蟳粥。

變，好餐廳的口味不能變，不變的口味才能讓客人憶起過去美好的日子。

不管是到北門井仔腳去賞黑腹燕鷗，或者到七股觀海樓賞落日餘暉，就可以繞道到這家「豐の海鮮漁府」來大塊吃烏魚子、大啖處女蟳，或者點來蟳糜一大盅，眾人分食，有呷擱有掠，台南一年好景君須記，最是蟹紅橘綠時！

這家海鮮餐廳我初次來，地處偏遠，有杳無人跡的感覺，但請客的主人卻千里迢迢堅持要來這一家，我一路行

豐の海產。

來，膽顫心驚，心想如果不好吃，就跟他絕交。

不料到達前，遠遠就望見一家裝潢氣派的餐廳，也沒想到一進門，老闆就認出我這過氣的名人來，外場招待，「目識」是很重要的，飯店經營之最嚴長壽和我曾是同個基金會的董事，聽聞他待客之道從門房的記憶力伊始，凡來客都記得住名字和身分地位，怪不得我那朋友，他家財萬貫，又以老饕自詡，大辣辣的走進來，店小二大聲喝爺好，所以會滿心歡喜招待朋友來這裡了。

原來這本是將軍區內的那家著名的「龍鄉海產城」遷出來的。年輕的店主阿豐自小耳濡目染，國中時就拜師學藝，如今每天一大早都會到老市區內的水仙宮來選購漁貨，這可就辛苦了。

水仙宮市場是台南高級漁貨的集散中心，清治時期起即為府城的商業中心，是府城三郊的所在，所謂「郊」，用現代人的話說，就是大商家為了聯合壟斷而聚集在一起的區域，北郊蘇萬利，從事藥材、絲綢、南北貨等；南郊金永順，以採辦菸絲、陶瓷、磚瓦等交易為大宗；糖郊則主要是糖、米、豆，麻等出口，如今風光不再，但依舊是重要市場之一。

我也是常常清晨都會到水仙宮來逛市場，目的很簡單，台南主流的食材都在這裡交易，我乃好奇的前來觀察學習，於是也曾經目睹餐廳「lau3」（落）計程車來搬運生鮮漁貨者，魚販一大早就得將澎湖、東港等漁獲分裝處理搬上貨車，我問他們，店家沒有親眼看到漁源，如何肯定今天的貨色沒問題，人家

回答說：「做信用的啦！」

　　阿豐的絕活是善於易牙之道且尤青出於藍，不僅處理得色香味俱全，餐具選取，更是相得益彰。他的烏魚子是自曬自壓，以炭火焙之；上桌時，大塊斜劈，食來豪邁，又香韻猶存；秋後土魠魚上市，更在店門前醃製，採一夜干的處理方式，煎來香氣四溢。

　　招牌是那道蟳粥，粥色呈蛋黃，乃處女蟳膏暈染所致，但要前一日訂購，何以故？因為要添加特製秘方，不足為外人道也。

用手機拍了影片來分享：

台南市將軍區 長沙村146
之10號
電話：06-7930637
營業時間：11:00-20:30

秋冬來台南有什麼好康的？／魚夫自由行廣播

其實秋冬來台南遊玩正當時，不只天氣適合，沒有寒流還可以吃冰；秋蟹成熟，大啖處女蟳正是時候；十一月份，黑面琵鷺和黑腹燕鷗也來了，賞鳥正是時候；信魚到臨，冬至前十天，頭烏來了，還得趕頭烏，總之好康多多，說也說不完，一起來聽廣播吧！可掃描QR code收聽廣播。

台灣警察的軟硬兼施親民術

新化派出所的所長茶葉蛋

「所長茶葉蛋」後來且成為商號，儘管所長已經退休，
這一味卻企業化經營，甚至全台布點，
這要不要計入文創產業的一環？
可也煞費主管機關的心思了……。

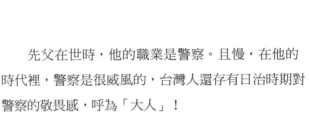

先父在世時，他的職業是警察。且慢，在他的時代裡，警察是很威風的，台灣人還存有日治時期對警察的敬畏感，呼為「大人」！

所以我小時候去看電影，門口查票者望見我來，老遠就比手勢要我免買票噤聲快步進場，來者警察大人的公子也！現在回想起來，如此白吃白喝，真是不值效尤！

施福珍老師有首台語唸謠《油炸粿》，形容日治時期的警察大人的八面威風：

「油炸粿、杏仁茶，見著警察磕磕爬，碗公弄破四五個，警察掠去警察衙，叫阮雙腳齊齊，哎呀喂，大人啊喂，阮後「回」（讀音：擺）不敢賣，阮後回不敢賣。」

賣油炸粿、杏仁茶者，沿街叫賣的小販也，被警察大人撞見會被抓去嚴刑重罰，所以嚇得兩腿發軟，手忙腳亂，碗盤全打碎了。反觀現在台灣的警察哪敢如此走路有風？

唸謠是同情在日治下的悲情台灣，然而當今日本警察在本國早已變得親切無比，曾去日本旅行的朋友，想必心有戚戚焉。其實「嚴官虎，出厚賊；嚴父母，出阿里不達」，嚴

刑峻法，國家社會也不必然就此海晏河清。

　　古人有云：「大學之道，在明明德，在親民，在止於至善。」如今的台灣警察大概是深明大義吧？親民的不得了，且軟硬兼施，軟者，如「所長茶葉蛋」是也；硬者，硬體建設如派出所建築也得空間解嚴，有些還蓋得很卡通，台南「新化派出所」那頂警察大圓帽屋頂，解構警所衙門刻板印象，如此這般搞kuso，果然拉近了民眾與警察之間的距離。

　　縣市尚未合併前，台南縣就有一項計畫，繼一鄉一特色後，推出「一所一特色」，縣境內每一處的派出所，都至少要有一種親民的特色，務必使得派出所的「據點變景點」，於是各所率皆使出渾身解數，如成為在地旅遊資訊中心、提

台南新化派出所不但有個警帽建築入口，所長還得請茶葉蛋，這才算「一所一特色」。

供腳踏車出借、騎士加水、縣民借廁所、奉茶等等，無微不至，乃有衍變出「所長茶葉蛋」的故事來。

新化知義派出所所長原是體恤部屬辛勞，乃煮茶葉蛋慰勞，後來又將此味分享於路過小歇的單車族，「酷！所長請吃茶葉蛋！」透過網路宣傳，一夕之間打響名號，從此各方倣效，奉茶之外，還請吃各式品牌茶葉蛋，如此殷勤，我不禁懷疑，將來出現花菓山水簾洞派出所，再加演警察才藝，也不是什麼痴心妄想，千載難逢的事了。

那「所長茶葉蛋」後來且成為商號，儘管所長已經退休，這一味卻企業化經營，甚至全台布點，這要不要計入文創產業的一環？可也煞費主管機關的心思了。

門口一頂警察大圓帽的新化分局和新化派出所合署辦公建築，近年來也成為年輕人新的旅遊景點。台南近年來出

現一些很「迪士尼」式的建築形式，調皮的建築師看來還不少，但其實這是一座綠建築，隱藏了許多環境生態與保護原生物種的意義在，只是一般人來此，忙不迭地的和警帽合照，急不暇擇的吃著各種茶葉蛋，好像來到了涅槃彼岸消遙地，樂不思蜀了。

老實講，親民政策恐怕也是在這天高皇帝遠的中南部始能為之，大都會龍蛇雜處，警所破不了案，五日京兆不免，哪有心情搞親民？所以我偶而帶著天龍國台北城的朋友來新化遊歷，到派出所這一站，就足以令他們大開眼界，瞠目結舌了。

新化派出所一遊，用手機拍了來和大家分享：

台南市新化區中山路91號
電話：06-5901022

貧賤不能移，威武不能屈
新化楊逵文學紀念館

我經常帶朋友來場台南文學巡禮，府城市中心之外，
一旦出城到新化參訪「楊逵文學紀念館」，
那就非我那個時代的革命夥伴無此禮遇了……。

　　偶而出遊到新化，當然不是為了美食，卻是為了享受精神糧食。

　　文學家楊逵、金馬影帝歐威都是新化人。楊逵年輕時，不畏強權，為台灣民主請命，長期關在黑牢裡，是我半生評論時局的偶像，人稱「壓不扁的玫瑰」；歐威則是台灣人第一位獲得金馬影帝的性格小生，「秋決」是代表作，但其他作品都一路伴隨著我成長，只可惜英年早逝。我後來出任電視台總監，遇見和歐威前後期也是影帝的柯俊雄，便急忙央求合照，且說：「您和歐威都是我從小到大的偶像。」

　　楊逵的長孫女，也是文學家的楊翠則算是老友，她的夫君魏貽君曾是我在《自立報系》時的同事，這對夫婦對台灣文化貢獻厥偉，有這種朋友，是我的榮幸。

　　文化厚度是我當初考量搬到台南的原因之一，新化（古稱大目降）古來和府城往來頻繁，如今的老街就是當年熱絡的交易場所，想來應是富庶的鄉鎮，也造就了人才輩出，來到新化，其實有許多饒富趣味的珍貴故事尚待挖掘。

　　出身台南的文學家非常多，記憶中任意找，至少說得

楊逵文學紀念館就在路邊，很容易親近。

出：葉石濤、陳曄、楊逵、賴香吟、馬森和許丙丁等等，由於新化地方政府的刻意形塑，而有「楊逵文學紀念館」、「歐威電影紀念館」的設置，具體而微的呈現讓後人緬懷的所在。

只是偶而會遇見年輕人跌跌撞撞闖進紀念館來，張大嘴問：「楊陸是誰啊？」真是為之氣結。

林山田教授在世時，晚年退休後移民宜蘭，問他當初的抉擇關鍵是什麼？他幽默的說：「貧賤不能移！」沒錢沒勢又沒綠卡，移到國外不成，宜蘭最近台北，是最好的選擇。

貧賤不能移，後面接的是「威武不能屈」，我除健保卡

和普通信用卡外，綠卡、楓葉卡、櫻花卡等一概付之闕如，也屬貧賤不能移民國外之流也，然威武不能屈，我是文化人，住的地方，文風鼎盛為首要，子曰：「賢哉，回也！一簞食，一瓢飲，在陋巷，人不堪其憂；回也不改其樂。賢哉，回也！」我雖沒窮成那個樣子，但能不改其樂的方法，精神食糧食實是樂活之道。

「壓不扁的玫瑰」楊逵是我的偶像。

台南紀念台灣文學家的博物館幾可算是「全台首學」。「國立台灣文學館」的典藏就足以令文學愛好者留連忘返，建築本身又是出自於建造總統府、台北賓館的大師森山松之助之手，沒有這棟建築，台灣文學殿堂就不夠莊嚴典雅了。

「國立台灣文學館」之外，「葉石濤文學紀念館」不定期的展覽葉老生前的相關文物，並重現他的書房；張良澤教授窮其畢生精力貢獻的真理大學「台灣文學資料館」，絕對稱得上台灣文學寶山最高峯；台南大學的「柏楊文物館」，典藏柏老六箱，共計一一七四五件文獻與文物等，台南已然為典藏台灣文學的重鎮。

其中，不分省籍，許多作家在國府來台的白色恐怖時期都遭到當局迫害，專制政權最駭怕的就是那些深植人心，逐步發酵的文學作品，終究凝聚成無比強大的群眾力量，爆發出人民的怒吼，我常說，住在台南廟宇多，可有眾神保庇，但感覺還有一股冥冥中的力量，那就是台灣文學裡真正「貧賤不能移，威武不能屈」的台灣魂吧？

我經常帶朋友來場台南文學巡禮，府城市中心之外，一旦出城到新化參訪「楊逵文學紀念館」，那就非我那個時代的革命夥伴無此禮遇了。其實身為台灣人，不可不知這塊土地的故事，楊逵說：「好好學挖地，深深挖下去，好讓根群能紮實。」我說：「有拜有保庇，快隨我進香去吧！」

用手機拍得影片來分享：

台南市新化區中正路88號
電話：06-5905356

李昂吃到中途就開始打電話報佳音的

阿裕牛肉

阿裕的牛肉鍋，食材來自台南在地溫體宰殺的牛肉，且分秒必爭，
涮個三下四上，入口即化，燙得過熟，被阿裕和他老婆美麗撞見了，
就會搖頭嘆息糟蹋了食物；湯頭以蔬果熬出甘甜，牛雜牛筋等燉出濃汁，
刀工重在挑淨「筋胳」，一大塊牛肉可取而食用者並不多，
除其筋絡正所以讓咀嚼時不至於久咬不爛而影響順溜的口感……。

「阿裕牛肉」我從他一間小店到現在擴展成有專用停車場，從橢圓形的盤子吃到份量較大的圓盤，這也不知交觀多少年了，阿裕現在會問我：「你打不打球？」「什麼球？」「高爾夫啊！」儼然已晉身仕紳名流俱樂部之列了。

作家李昂來台南走尋珍饈，我帶她在老城區裡遍嚐一輪之後，由於李昂近年來在美食方面有名師指引，且組名人老饕團到處嚐鮮，尤有甚者，省下商務艙的機票錢，寧可擠在經濟艙裡長途飛行也要省錢到巴黎去一嚐傳說中的米其林三星法廚。所謂曾經滄海難為水，李昂的品味修為已達於「泰山崩於前，面不改色」的境界了，所以要以美味讓她應接不暇，實在頗費思量，像唱歌仔戲，既要演出「古冊戲」，又得來上幾齣「胡撇戲」，必要時請出「金光戲」，這才會鬧熱滾滾。

我對阿裕是有信心的，所以安排在招待李昂美食之旅的尾聲，設定為最後高潮。不料李昂在一嚐之後，馬上開懷大笑，花枝亂顫間，忽然拿出手機撥打電話，原來是跟她的美食老師報佳音去也！

獨樂樂，不如眾樂樂，後來李昂央求要加料添湯打包回台北，遭阿裕婉拒，因為牛肉在運送的過程會氧化，滋味將不復生鮮矣。

阿裕切出來的牛肉，每盤都是不同的部位，相異的口感

孰料李昂並不死心，又有一回，令她的學生，急急如律令，從阿裕處拎來大包小包送到高鐵車站，十萬火急馳往台北，鍋子熱在那裡等著，這事後來被我知曉，原來名主持人吳淡如亦為當日的座上賓，在一次見面時告知此事，於是我問結果好不好吃？眾人皆曰：「普普啦！」白費了李昂一片苦

心。

　　阿裕的牛肉鍋，食材來自台南在地溫體宰殺的牛肉，且分秒必爭，涮個三下四上，入口即化，燙得過熟，被阿裕和他老婆美麗撞見了，就會搖頭嘆息糟蹋了食物；湯頭以蔬果熬出甘甜，牛雜牛筋等燉出濃汁，刀工重在挑淨「筋膈」，一大塊牛肉可取而食用者並不多，除其筋絡正所以讓咀嚼時不至於久咬不爛而影響順溜的口感。我有位老朋友曾偕高壽九十餘歲的老母來此光顧，阿嬤一個人就大啖三盤肉，除了牙醫孫子的植牙技術高超之外，肉質處理得很tender，也是原因之一。

　　我聽聞阿裕人生曾有一度不得志，改賣牛肉後，由於新鮮、用心，乃因此鹹魚翻身，我常說：人生如果不是充滿著驚奇，那就不值得活下去了。是的，上帝總會為我們開扇窗戶來看見春天！

用手機拍了影片來分享：

台南市仁德區中正路一段525號
電話：06-2668816
營業時間：週一 07:30-14:00
週二 17:00-00:00
週三至週日07:30-14:00;17:00-00:00

我阿兄就是宰牛的，當然新鮮！

劉家莊牛肉爐

劉家莊的老闆劉三源就是劉三和的弟弟，
頂著已過往的兄長盛名，連我都懷疑他的牛肉來源一定是自家私藏的頂級品，
劉三源矢口否認，說這樣做還得了……。

　　台南有群士紳組成了一個吃會，名為「中常會」，中晝
頓時間一到，就經常互通聲息，「揪團」找尋美味「中食」。
中食者，台南人說「中飯」、「中餐」的意思，如此經年累月
下來，戲稱：「有毛吃到棕簑，沒毛吃到秤錘；二腳吃到樓
梯，四腳吃到桌櫃；有肉吃到肉臊，無肉吃到垃圾。」我千
方百計想沾個邊，終於偶獲召喚，參與飯局，得窺其宮室之
美，百官之富也。

　　這「劉家莊牛肉爐」便是「中常會」經常召開大會的所
在之一。

　　台南的牛肉來源，「舜聖公司」的劉三和是台南牛肉商
裡的名人，他每天現宰二十頭牛，由計程車載送疾馳北中南
的牛肉店家，務必在氧化變質的三小時內遞送到達；且運送
過程中，牛肉不能堆疊，只能平放，否則溫度會過高，影響
肉質；肉品中的品級，亦非等閒之輩或自由市場皆能取得上
選部位，必也平素交遊即能五湖四海，逐漸熟門熟路，再加
上生意鼎盛，交易量夠大，方能擁有優先權。近年來由於食
者甚眾，僧多粥少，牛肉供應漸感不足，乃由月休二日變成

四天，所以如今每逢禮拜二，No sut也。

　　劉家莊的老闆劉三源就是劉三和的弟弟，頂著已過往的兄長盛名，連我都懷疑他的牛肉來源一定是自家私藏的頂級品，劉三源矢口否認，說這樣做還得了？

　　牛肉極富蛋白質，加熱過度則太硬，所以宜涮個三兩下便起鍋食用，程度以「一分熟」（rare），表面呈玫瑰色者順嘴流油為最佳，或夾來數塊生肉置於碗中，再淋上熱滾滾鍋湯，只加清湯不胭脂，稍等不燙口後，即可享用了。

　　但也有人極怕生食，煮老了，被老闆瞧見，他那張臉就會皺成一團有如沙皮狗，一付遇上你這客人「烏龜吃大麥」不配享用我的食材模樣；「中常會」諸公則在終場時會來煮鍋牛肉粥，這涮過牛肉後的精華盡在湯底，索來數碗米飯，加

入蔥、蒜，撒上胡椒，文火燉煮十至二十分鐘，添入少許一定得是吃剩的殘餘肉片，於是乎，鮮美甘甜的牛肉粥壓軸出場，吃不完的帶回家當「菜尾湯」，餘韻尚可繞樑數日，大會報告：本次會期，圓滿鼓掌落幕，眾人皆大歡喜。

牛肉粥是最終的精采結局。

用手機拍了影片回來和大家分享：

台南市永康區正強街226-1號
營業時間：11:00-22:00
電話：0916304387

細說台南人吃牛肉／魚夫自由行廣播

在這一集裡，比較了進口牛肉和台南在地牛肉的肉源，詳細說明為什麼台南的牛肉特別好吃，而且不像美牛那般問題重重，不只將肉販追查出來，也描述了到牧場看人養牛的過程，歡迎大家一起來收聽。可掃描QR code收聽廣播。

這家美食店家閉著眼睛都會畫

小洲洲米糕

現在有人便宜行事，米糕裡摻入越南米混充，小洲洲的米糕堅持純正台灣長米尖糯，
和他的政治信念有關，總之，挺台灣，絕不能打折扣；
其次花生豬腳經十數小時精燉至糜爛中不失咬勁，再來一盤貨真價實的米血，
一碗薏仁小腸湯，偶而胃口大開或人數夠多，當歸鴨肉麵線亦是上選，
食者莫不歡呼太好吃了！

　　移民台南後，我認識了許多基層的朋友，他們的共同特色就是滿懷熱忱、樂於助人，如八八水災時，就主動組織起來擔任搬運志工，將社會各界的賑災品送到我的家鄉林邊、佳冬災區去，也不求回報，非常令我感動。

　　我無以為報，但發現他們勤於求知，頗能接受新鮮的事物，網路數位時代，我發現或許能將平時略知一、二的科技知識和他們分享，於是組成了一個「網路軍團」，免費開班授課，且架設一個平台，三不五時，便聚集起來切磋一番。於是這個由做米糕的、賣茶飲的、搞印刷的、抓魚的、水電臨時工等等所組成的雜牌軍，後來居然有如「越共」般，表面上是販夫走卒，其實個個隨身配備最新3C武器，在網路裡當起公民記者，遇見不公不平的社會事件，個個都能單兵作戰為台灣發聲。

　　不過這並非讀書會，而是偶有美食新發現也會食好鬥相報，透過網路，三兩下揪團出擊，那天網路裡就充斥著這些網路軍分享的許多影片和照片了。

　　「小洲洲」其實年過半百，屬於我那個時代不太應該會

電腦科技的舊人類，可怪的是，這些年來他的配備愈來愈精良，遊走網路之際，還自設Facebook專頁宣傳他的米糕店，我的撇步都被他學了去，然而，亦不無回報，自家美味米糕招待，以為束脩也。

　　現在有人便宜行事，米糕裡摻入越南米混充，小洲洲的米糕堅持純正台灣長米尖糯，和他的政治信念有關，總之，挺台灣，絕不能打折扣；其次花生豬腳經十數小時精燉至糜爛中不失咬勁，再來一盤貨真價實的米血，一碗薏仁小腸湯，偶而胃口大開或人數夠多，當歸鴨肉麵線亦是上選，食者莫不歡呼太好吃了！

　　我因為經常和小洲洲見面，聽過許多他的烹調之道，笑稱如要動手描畫他這家店的美食，閉著眼睛就可以畫出來了，畢竟因為交情夠，認知深厚，下筆就容易真情流露了。

小洲洲的米糕，我閉著眼睛都會畫。

地址：台南市仁德區中清路82號
連絡電話：0956166988

新住民與台灣飲食文化的融合

經典川味麵食巴渝人家

一般說來，湘菜是辣、川菜是香麻，但麻辣其實不分家，
只有主從用料輕重的問題，終究是紅湯辣水大會串，由於口味濃郁，
倘若出手太重，便哀嚎遍野！麻辣之最，乃流於重鹹，「巴渝人家」開張之初，
我就跟老闆質疑：台南人會「凍不條」啦……。

　　台南我的住處附近有兩家正港中國四川人開的麵館，一家賣的是四川擔擔麵等正宗川味麵點，另一家則是成都的庶民小吃：渣渣麵。前者是台灣的重慶女婿，後者則為成都媳婦，兩家我都樂觀其成，反正我樂得多元選擇。

　　中國四川的擔擔麵據說源自於一八四一年由貢市一位名叫陳包包的小販所創始，用一條扁擔挑在肩上，一邊是熱水鍋和煤球爐，另一邊則是杯盤碗筷調味料，如此擔在肩上，出門沿街叫賣，才被稱為「擔擔麵」。這麵食在好煮熟的麵條上，舀以炒得香氣四溢的肉末和滷汁，鹹鮮帶辣，十分入味；渣渣麵一說應正名為「查渣麵」，創始人是一位名喚查淑芳的川女，因為炒手賣不完，棄之可惜，乃將內餡再用油炒乾，第二天當成是煮麵的肉燥用，這種隔夜的肉餡炒了出來，呈細末狀有如渣渣，但卻特別香脆，因此得名。

　　在台北，不管是擔擔麵或渣渣麵都是川菜館子裡的必備，如著名的四川「吳抄手」，不過台北的川菜在口味上早已有所調整，我戲稱是台式的川菜。其實我們家附近還有一家賣川菜的餐廳，但是和海鮮料理拼湊著一起出菜，中國巴

蜀不靠海，這兩者是如何完成統一大業的，我百思不得其
解。

　　不過我所說的兩家麵館，由於均出自川人之手，掌廚者
都操著濃厚的四川口音，味道也很堅持家鄉味，重麻偏辣，
順理成章，在地台南人則抗辣者鮮矣，常常吃得哇哇叫，尤
其是這家賣擔擔麵的「巴渝人家」鄒老闆，本是位大廚，因
愛上台灣姑娘，成婚後移居台南，對自家手藝的原汁原味非
常堅持，最初開張一家「巴人川味」川菜館，口味在府城獨
樹一幟，反而大受歡迎，名聲且遠播台北京城，我經常呼朋
引伴一起來接受震撼教育，如若是在地台南人，大都告饒。

　　鄒老闆且在巴人川味客源穩定之後，更圖發展，到我
們家這一帶來開麵館。我常說，台南人吃甜不吃辣，來軟的
成，來硬的，就有苦頭吃了。內人嫁我之初，夫家家族聚

餐，她常呼天搶地的喊辣，先父烹調下手尤不留情，辣呼呼的，有如赤火烈燄。所以我從小就嗜辣，自詡不怕辣、辣不怕、怕不辣，只是有一回去中國湖南長沙，才知人間煉獄果然存在！停留數日，天天舌頭著火，頭皮發麻，路邊就一小吃，辣得張口噴火，點來一碗蛋花湯，更是火上加油！在台灣，湘菜哪有辣成這款模樣者來的？

一般說來，湘菜是辣、川菜是香麻，但麻辣其實不分家，只有主從用料輕重的問題，終究是紅湯辣水大會串，由於口味濃郁，倘若出手太重，便哀嚎遍野！麻辣之最，乃流於重鹹，「巴渝人家」開張之初，我就跟老闆質疑：台南人會「凍不條」啦！

擔擔麵之外，更有酢醬麵、牛肉麵、重慶鍋、酸粉和魚麵等，萬變不離其宗，非麻即辣，無誠勿試。

我猜他日久一定會修正口味，不料只是奉上礦泉水一瓶解其麻辣，我聽聞川人原來吃麵不喝湯，一般的餐館也不提供湯匙，是耶？非耶？只是這一來，我點乾麵反而能習慣，而且還上癮了。

台南的新住民自然不是只有中國來的，越南、印尼也不少，我嘗遇見一位印尼新娘，她的台灣話比恁爸還字正腔圓，國、台語都很流利，講「重鹹」的，我且技不如她；多數的越南新娘從事餐飲業者更是不勝枚舉，最終率皆磨合的兩相適應，文化的融合在這些新住民的身上看到了許多成功的未來。

遇見印尼新娘講一口流利的台語，用手機錄製了下來分享：

去南洋，我常見一種「娘惹餐」，那是由羅漢腳的華人娶了當地姑娘後，變出一種酸酸甜甜又有中華料理模樣的特色料理來，飲食可以一窺文化融合的過程，在台南，我也遇見了。
用手機拍得影片回來和大家共享，希望您會喜歡：

巴渝人家
台南市北區西門路三段123號
電話：06-2231378
營業時間：11:00-14:30;
17:00-21:00
公休日：週二

我家婿某隱藏版的賞花時序地點表

花開堪折直須折

「花開堪折直須折，莫待無花空折枝」。
這話當然不是鼓勵咱們賞花時手賤去折枝，而是千萬不要錯過花期，
珍惜當下，才能體會人生的真諦⋯⋯。

「花開堪折直須折，莫待無花空折枝」。這話當然不是鼓勵咱們賞花時手賤去折枝，而是千萬不要錯過花期，英語有句俗諺說：「Don't trample the roses under your feet for the sake of

台南竹溪街佈滿了風鈴木，到了春天，金黃、洋紅的花朵綻開，美不勝收！

overlooking a beautiful rainbow in the sky.（不要為了眺望天邊美麗的彩虹而踩壞了腳邊的玫瑰。）」珍惜當下，才能體會人生的真諦。

　　來台南樂活後，姤某幾年來不知已經拍了多少花花草草的照片，沒錢、沒場地開攝影展，我們家的牆上、屏風也都是她的作品，只是寒舍簡陋，羞於示人，參訪者始終只有我一人，幸好FB可即興展出，也算聊解野人獻曝的衝動。

　　吾家姤某拍花，我就用畫的，當作是綠葉襯紅花，畫多了，乃能辨鳥獸草木之名，不若姤某對花草情有獨鍾，且買來植物圖鑑當起植物老師，且樂此不疲，雖然每年的花期一到，繁花就會盛開，然而隨著氣候等環境的變化，每一年的搖曳生姿都是獨一無二的，只是這要把人生的腳步放慢了，才看得見。

　　逐漸的，心中一張賞花地圖便浮現了出來，姤某寫之，我以漫畫式寫意畫之，得空即作，心想愚公移山，遲早可以畫遍這張台南的賞花時間地點表吧？

姤某手寫台南賞花時序表。

國家圖書館出版品預行編目(CIP)資料

樂居台南：魚夫手繪鐵馬私地圖 / 魚夫著. --
第一版. – 台北市：天下雜誌, 2014.03
面；　公分. -- (天下雜誌；2)
ISBN 978-986-241-839-0(平裝)

1.旅遊 2.餐飲業 3.台南市

733.9/127.6　　　　　　　　　　103002185

訂購天下雜誌圖書的四種辦法：

◎ 天下網路書店線上訂購：www.cwbook.com.tw
　　會員獨享：
　　1. 購書優惠價
　　2. 便利購書、配送到府服務
　　3. 定期新書資訊、天下雜誌網路群活動通知

◎ 在「書香花園」選購：
　　請至本公司專屬書店「書香花園」選購
　　地址：台北市建國北路二段 6 巷 11 號
　　電話：(02) 2506 － 1635
　　服務時間：週一至週五　上午 8：30 至晚上 9：00
　　　　　　　　　　週六　上午 9：00 至晚上 5：00
◎ 到書店選購：
　　請到全省各大連鎖書店及數百家書店選購

◎ 函購：
　　請以郵政劃撥、匯票、即期支票或現金袋，到郵局函購
　　天下雜誌劃撥帳戶：01895001 天下雜誌股份有限公司

＊ 優惠辦法：天下雜誌 GROUP 訂戶函購 8 折，一般讀者函購 9 折
＊ 讀者服務專線：(02) 2662-0332　　（週一至週五上午 9：00 至下午 5：30）

台南學 002

樂居台南
魚夫手繪鐵馬私地圖

圖文作者／魚夫
特約主審／陳文淑
責任編輯／劉宗德
校　對／鮑秀珍、莊淑淇
封面設計、內頁版型設計／集一堂有限公司

發 行 人／殷允芃
里山館、日本館總編輯／莊素玉
出 版 者／天下雜誌股份有限公司
地　址／台北市104南京東路二段139號11樓
讀者服務／ (02) 2662-0332　傳真／ (02) 2662-6048
天下雜誌GROUP網址／http://www.cw.com.tw
劃撥帳號／0189500-1天下雜誌股份有限公司
法律顧問／台英國際商務法律事務所‧羅明通律師
印刷製版／中原造像股份有限公司
裝 訂 廠／台興印刷裝訂股份有限公司
總 經 銷／大和書報圖書股份有限公司　電話／（02）8990 -2588
出版日期／2014年3月第一版第一次印行
定　價／350元

書號：BCLT0002P
ISBN：978-986-241-839-0
天下日本館讀者俱樂部Facebook：http://www.facebook.com/Japanpub
「天下新學院」部落格網址：http://newacademism.pixnet.net/blog
天下網路書店：http://www.cwbook.com.tw
天下讀者俱樂部Facebook：http://www.facebook.com/cwbookclub

本書如有缺頁、破損、裝訂錯誤，請寄回本公司調換